내 삶을 변화시키는
40일 기도여행

내 삶을 변화시키는

40일 기도여행

나관호 편저

기도는 끊임없이 쏟아져 나오는
끊임없는 사랑의 응답이며
모든 영혼을 인도하시는
하나님과 사귀는 길이다

청우

차례

추천사 6
프롤로그 9

1부 마음 다스리기

제1일 지혜를 구하는 기도 16
제2일 안식을 구하는 기도 19
제3일 용기를 구하는 기도 24
제4일 용서를 구하는 기도 28
제5일 평안을 구하는 기도 34

제6일 평화를 구하는 기도 38
제7일 자유를 구하는 기도 42
제8일 행복을 구하는 기도 46
제9일 임마누엘을 구하는 기도 50
제10일 담대함을 구하는 기도 54

2부 성품 다듬기

제11일 실천을 구하는 기도 62
제12일 판단을 구하는 기도 66
제13일 진실을 구하는 기도 70
제14일 사랑을 구하는 기도 74
제15일 섬김을 구하는 기도 79

제16일 감사를 구하는 기도 83
제17일 충성을 구하는 기도 88
제18일 긍휼을 구하는 기도 93
제19일 은혜를 구하는 기도 97
제20일 인내를 구하는 기도 101

3부 신앙성숙 시키기

제21일 붙잡힘을 구하는 기도 108
제22일 주 음성을 듣기 위한 기도 113
제23일 믿음을 구하는 기도 117
제24일 성장을 구하는 기도 122
제25일 성령을 구하는 기도 126

제26일 거룩한 능력을 구하는 기도 130
제27일 회개를 구하는 기도 135
제28일 행복을 구하는 기도 139
제29일 영혼 구원을 구하는 기도 143
제30일 사명감을 구하는 기도 147

4부 삶 가꾸기

제31일 경건을 구하는 기도 152
제32일 헌신을 구하는 기도 158
제33일 하나님의 뜻을 구하는 기도 163
제34일 바른 혀를 구하는 기도 168
제35일 인도를 구하는 기도 172

제36일 행복한 삶을 구하는 기도 176
제37일 보호를 구하는 기도 180
제38일 좋은 친구를 구하는 기도 184
제39일 기도하는 삶을 구하는 기도 188
제40일 아름다운 인생을 구하는 기도 192

내 삶을 변화시키는 「40일 기도여행」 가이드 북 197

추천사

　기도는 내 생애에 가장 소중한 일입니다. 만일 단 하루라도 기도를 소홀히 한다면 삶의 행복과 신앙의 정열을 잃을 것입니다. 〈내 삶을 변화시키는 40일 기도여행〉은 하루하루 기도로 살아가는 방법을 가르치는 힘 있는 책입니다.

　　　　　　　　　　　　이종춘(성안당 대표, 주식회사 첨단 회장)

　기도는 조용히 문을 열고서 하나님이 계시는 곳으로 들어가는 것입니다. 영혼을 가진 인간만이 기도할 수 있는 존재입니다. 나관호 목사님이 쓰신 〈내 삶을 변화시키는 40일 기도여행〉은 하나님이 계신 곳으로 들어가게 하는 안내서입니다.

　　　　　　　　　　　　엄익규(유한대학 시각정보디자인과 교수)

　기도는 영혼이 행하는 가장 원숙한 기술입니다. 그리고 기도는 불타는 열정이며 진실한 삶이고, 그리스도인으로 살아가기 위한 생활의 호흡입니다. 〈내 삶을 변화시키는 40일 기도여행〉은 진실한 삶을 배우게 하는 참고서입니다.

　　　　　　　　　　　　김호민(두란노 아버지학교 운영위원)

기도는 천국을 향한 영혼의 가장 간절한 소망입니다. 그리고 회개한 마음에서 피어나는 달콤한 향기와도 같습니다. 〈내 삶을 변화시키는 40일 기도여행〉은 기도의 향기를 맡으며 삶을 변화시키는 영적인 테라피 효과를 만들어 낼 것입니다.

유영미(sbs 아나운서, 뉴스와 생활경제 앵커)

지극히 높은 비밀한 곳에 들어가는 문은 항상 그곳을 갈망하며 기도하는 자에게 열려있습니다. 그리고 기도로 문을 두드리는 자에게만 열려집니다. 〈내 삶을 변화시키는 40일 기도여행〉은 하늘의 문을 두드리는 노크입니다.

이도형(미국 NASA 겸임연구원, 한양대학교 기계공학과 교수)

기도는 하나님과의 대화 속에서 우리들의 마음을 표현하는 것입니다. 하나님은 마음에서 나오는 소리를 들으시기 때문입니다. 〈내 삶을 변화시키는 40일 기도여행〉은 기도의 사람들의 깊은 마음을 다시 체험하는 기회가 될 것입니다.

박수홍(MC, mbc '인간탐구쇼 아이스크림' 진행)

프롤로그

기도는 하나님의 현존을 체험하는 것이다

성자를 만들어 내는 것은 기도의 힘이다
—이 엠 바운즈

에디 리컨베커 선장과 두 선원은 태평양을 횡단하다가 배가 파선되어 20일 동안 뗏목을 타고 표류하게 되었습니다. 그들이 가장 견디기 힘든 것은 작열하는 태양과 그로 인한 목마름, 밤이면 찾아오는 추위 그리고 상어들이었습니다.

며칠이 지나자 거의 죽을 지경이 되었습니다. 그러나 베커 선장은 하나님은 물 가운데로 지날 때 물이 침범치 못하고, 불 가운데로 지날 때에 불이 그슬리지 못하게 하시는 하나님임을 기억해 냈습니다. 그리고 하나님의 사랑과 보호하심, 기도의 능력을 믿고 하나님께 계속 기도로 매달렸습니다.

기도를 하던 중 갈매기가 날아와서 선장의 머리 위에 앉았습니다. 그 갈매기를 잡아서 오랜만에 요기를 하게 되었습니다. 그리고 그 고기를 미끼로 낚시질을 했고 생선을 얻을 수 있었습니다. 그렇게 계속해서 끼니가 이어졌습니다. 게다가 비가 내려 물도 마실 수 있었고 불볕더위도 해소되었습니다. 그들은 하나님의 살아계심을 확인하였고 더욱 용기를 가지게 되었습니다.

그 후 두 주일 만에 그들은 기적적으로 구조되었습니다. 선장과 선원들에게 신문 기자가 물었습니다.

"어떻게 그 엄청난 공포와 역경을 이기고 배고픔과 뜨거움, 무서움과 초조함을 이겨냈습니까?"

선장의 대답은 한 마디였습니다.

"우리는 믿음으로 기도했습니다."

믿음의 기도는 기적을 만들어 냅니다. 그리고 기도는 나를 변화시킵니다. 기도는 하나님의 현존을 체험하는 장이기 때문입니다. 요한 크리소스톰은 "기도는 파선 당한 자에게 항구이며, 물에 빠져 가는 자에게 생명줄이며, 넘어지는 자에게 지팡이며, 가난한 자에게 보석이며, 병든 자에게 의사가 되며, 우리에게 축복의 길을 내며, 환란의 구름을 헤쳐 낸다."고 말했습니다.

기도는 현실과 영의 세계를 이어주는 축복의 길이며, 천국으로 가게 하는 계단입니다. 그리고 예수 그리스도를 만나는 최선의 과정입니다.

나는 고등학교 3학년 때 피를 쏟아내는 폐결핵 앞에서 죽음을 맛보았습니다. 내 인생의 배는 파선 직전이었고, 어둠의 망망대해에 표류할지 모르는 위기 앞에 봉착했습니다. 의사는 1년 미만의 시간밖에 남지 않았다고 경고를 했습니다. 그런 나에게 기도는 생명줄이었습니다. 성경 말씀을 말하며 하루하루를 기도로 살았습니다. 그 하루하루의 기도가 쌓여서 믿음도 강해지고, 하나님이 살리기로 마음만 먹으시면 내 인생은 죽음에서 생명으로 역전된다고 스스로를 위로했습니다.

그렇게 시작된 매일 기도가 나를 만들어 갔습니다. 기도가 나를 변화시켜 갔습니다. 병든 육체뿐만 아니라 인격과 마음, 생각, 말, 태도, 습관, 행동 그리고 인생의 방향을 바꾸었습니다.

기도는 아침의 열쇠요 저녁의 자물쇠이다.
—이 엠 바운즈

해마다 3월 17일이면 유럽의 아일랜드에서는 성 패트릭 축제가 열립니다. 성 패트릭은 중세기 아일랜드를 기독교화하는 데 일생을 바친 사람으로 온 국민의 존경을 받는 성자입니다.

그가 평생 가슴에 흉배처럼 품고 날마다 기도한 기도문에 이런 기도가 적혀 있습니다.

나는 오늘도 일어선다.
나를 인도하시는 하나님의 힘으로

나를 지탱케 하시는 하나님의 능력으로
나를 지도하는 하나님의 지혜로
나를 앞서 살피시는 하나님의 눈으로
나의 소리를 들으시는 하나님의 귀로
나를 위해 말씀하시는 하나님의 말씀으로
나를 지키시는 하나님의 손으로
나의 앞에 놓여 있는 하나님의 방법으로
나를 보호하시는 하나님의 방패로

나는 오늘 일어선다.
마귀의 덫으로부터
악한 유혹으로부터
나의 불행을 기원하는 모든 자들로부터
멀리 있든 가까이 있든
한 명이든 여러 명이든
나를 건지시는
하나님의 군대로 인하여
나는 오늘도 일어선다.

기도는 어떤 의미에서 매일매일 하나님의 현존을 확인하는 것입니다. 기도 속에서 하나님의 숨결을 체험하고, 기도 속에서 삶의 방향을 알게 되고, 우리를 변화시켜 가는 하나님의 하루하루 설계도를 알 수 있습니다.

오늘 당신은 기도로 시작했나요? 지금도 늦지 않았습니다. 지금 시작하면 됩니다. 40일 동안 믿음의 선배들의 고백을 통해 기도에 잠겨보십시오. 하루하루 자신의 변화를 눈으로 보게 될 것입니다.

변화의 날을 40일간으로 한 것은 '40'이라는 숫자가 가지는 의미 때문입니다. '40'이라는 숫자는 신·구약 성서를 통해 보면, 매우 상징적인 의미를 지니고 있음을 알게 됩니다. 40일간의 노아의 홍수(창 7:4), 모세가 십계명를 받기 위해 시내산에 올라가 40일간 머물렀고(출 24:18), 이스라엘 백성이 애굽을 탈출하여 가나안 땅으로 들어가기까지 40년간 광야에서 방랑생활을 했으며(수 5:6), 엘리야가 하나님을 만나기 위해 호렙산에서 40일간 기도(왕상 19:8)를 했습니다. 특히 예수님은 공생애를 시작하시기 전 40일간 광야에서 금식하고 기도하셨습니다(눅 4:1-2).

'40'은 변화와 결단의 숫자이며 응답의 숫자입니다. 40일간의 기도여행을 통해서 우리를 변화시켜 봅시다. 인생의 변화를 가져오는 기도를 통해 현존하시는 하나님의 손길을 체험해 봅시다.

**너희가 내 이름으로 무엇을 구하든지 내가 시행하리니
이는 아버지로 하여금 아들을 인하여 영광을 얻으시게 하려 함이라
내 이름으로 무엇이든지 내게 구하면 내가 시행하리라** *요 14:13-14

1부 마음 다스리기

나의 믿음을 당신께 두시고 안온하고 평정되고
유쾌한 정신을 소유하게 하시옵소서

제 1 일 지혜를 구하는 기도

**오늘 하루 동안 내게 지혜를 허락하심으로
나를 모든 과실로부터 지켜주소서.**

오! 하나님,
오늘 하루 동안 맡은 의무나 꼭 해야 할 말을
피하지 않게 하시고 반드시 만나야 할 사람이나
내리지 않으면 안 되는 중요한 결정을 피하지 않게 하시며
맡은 바 책임을 연기하거나
오늘 꼭 답변이 필요한 문제의 해답을 미루지 않게 하시며
주어지는 모든 사명을 감당하되
신실하고 지혜로우며 성실히 수행하게 하옵소서.

해야 할 것들을 게을리 하지 않게 하시되
행하기 전에 그것들을 깊이 생각하고
무모하게 달려들지 않도록 지켜주옵소서.

오늘 하루 동안 내게 지혜를 허락하심으로
나를 모든 과실로부터 지켜주시고

후회하는 일이 없게 하옵소서.

주 예수 그리스도의 이름으로 기도드립니다. 아멘.

―윌리암 바클레이

🌺 예 화

한 소년이 역사에 남을 훌륭한 업적을 남기고 싶었습니다. 그래서 목사님에게 그 비결을 물었습니다.

"훌륭한 사람이 되려면 어떤 일부터 해야 합니까?"

그 때 목사님은 소년에게 친절히 설명해 주었습니다.

"하루 24시간 중 한 시간만 내가 가르쳐준 대로 행동할 수 있겠는가?"

"네. 목사님 말씀대로 하겠습니다."

소년이 큰 목소리로 대답하자 목사님이 소년의 눈을 바라보며 말했습니다.

"하루에 15분씩 기도하고, 15분씩 성경을 묵상하게. 15분씩 다른 사람에게 하나님에 대한 이야기를 하고, 15분씩 사랑을 실천하게. 그러면 자네의 인생에 밝은 빛이 보일 걸세."

소년은 그 때부터 이 교훈을 행동으로 옮겼습니다. 그 후 그는 과연 전 세계를 누비는 인물이 됐습니다. 이 사람이 바로 세계적인 부흥사인 빌리 선데이입니다.

✟ **15분 헌신이 만든 사람**

생각

가르침을 지키고 명심하는 사람은 지혜로운 사람입니다. 그 지혜로 말미암아 인격이 높고 뛰어나게 됩니다. 그리고 다른 사람들로부터 사랑과 존경을 받고 영광 받는 사람이 됩니다.

또한 지혜는 죄악과 온갖 세상 유혹으로부터 우리를 보호합니다. 그리고 하나님께서 지혜를 통해 우리를 인도해 주시고 걸림돌처럼 우리의 삶 가운데 다가오는 모든 인생의 난관과 문제를 해결하게 해 주시므로 우리는 안전하게 살아갈 수 있는 것입니다.

기도의 실패자는 생활의 실패자이다
—이 엠 바운즈

묵상

1. 지혜로운 사람이 되기 위해 당신은 기도의 시간을 얼마나 가지고 있습니까?
2. 인생의 어려운 문제 앞에서 주님의 지혜를 어떻게 구해야 할까요?
3. 꾸준한 기도 생활 속에서 매일 주님을 만나십시오.

기도

주님! 내 인생 앞에 가로막힌 문제들과 난관을 헤쳐 나갈 묘책을 주시고 걸림돌을 뛰어 넘을 지혜를 주소서.

나를 사랑하는 자들이 나의 사랑을 입으며
나를 간절히 찾는 자가 나를 만날 것이니라 *잠 8:17

제 2 일 안식을 구하는 기도

나의 믿음을 당신께 두시고 안온하고 평정되고
유쾌한 정신을 소유하게 하시옵소서.

지극히 은혜롭고 자비하신 하나님이시여.
당신만이 상처 입은 정신을 치유하시고
번민하는 마음을 평정하게 하시오니
나는 구원을 바라 당신께 외치옵나이다.

영육의 위대하신 치료자시여
내 약하고 낙심하는 정신에 위안을 주시옵고
격려하여 주시옵소서.
주님만이 나를 구원하시옵니다.

그래서 구원을 바라며 주님께 외치옵니다.
내 최고의 외침을, 이 타오르는 열렬한 기원을 들으시옵고,
나의 믿음을 당신께 두시고 안온하고 평정되고
유쾌한 정신을 소유하게 하시옵소서.

우리 주님의 구원하심을 조용하게 기다리고
바라는 것이 진실로 선한 일이옵니다.

당신의 안식처를 허락하시옵고
내 영혼이 더 이상 소란하지 않게 하시옵소서.

당신의 안식처를 허락하시사
내 영혼이 하나님 안에서
당신의 구원과 안식하게 하여 주시옵소서.

－요한 웨슬리

🌷 예화

4세기의 위대한 성자 어거스틴은 '인생의 목적'이 무엇인지 깨닫기까지 수많은 방황의 세월을 보냈습니다. 그는 공부하기 위해 청년 때에 집을 떠나 카르타고로 갔습니다. 어거스틴은 로마의 철인 키케로와 신(新)플라톤 사상에 몰입하기도 했고, 친구의 권유에 따라 마니교에 빠지기도 했습니다.

그리고 그는 가장 친한 친구의 죽음을 지켜보며 인생의 허무를 뼈저리게 느꼈고, 또한 방탕하게 사는 자신의 모습에도 깊은 회의를 느꼈습니다.

그러던 어느 날 밖에서 어린아이들이 부르는 '집어서 읽어라'는 노래를 듣고 옆에 있던 성경을 펼치자 그의 눈 앞에 로마서 13장 12절부터 14절까지의 말씀이 크게 확대되어 들어오는 것이었습니다.

"밤이 깊고 낮이 가까왔으니 그러므로 우리가 어두움의 일을 벗고 빛의 갑옷을 입자 낮에와 같이 단정히 행하고 방탕과 술 취하지 말며 음란과 호색하지 말며 쟁투와 시기하지 말고 오직 주 예수 그리스도로 옷 입고 정욕을 위하여 육신의 일을 도모하지 말라."

어거스틴은 이 말씀을 읽고 회심한 후, 고백록에 이렇게 기록했습니다.

"하나님, 당신을 위해 우리를 창조하셨으므로 우리 마음이 당신 안에서 안식을 얻기까지는 평안이 없나이다."

✤ **참된 안식의 발견**

🌱 **생 각**

여호와 하나님은 엿새 동안의 창조 활동을 하시고 일부러 하루 동안 일을 멈추셨습니다. 그날에 그분은 안식하셨습니다. 그분이 안식하신 것은 달리 하실 일이 없었기 때문이 아니었습니다. 그분이 안식하신 것은 지치셨거나 어떤 영적 한계를 느끼셨기 때문이 아닙니다. 하나님은 더 많은 세상을 쉽게 만드실 수도 있으며, 다른 생명체를 무수히 더 많이 만드실 수도 있었습니다.

그리고 수백만, 수천만 개의 은하계를 지금보다 더 만드실 수도 있었습니다. 그러나 그분은 일을 멈추셨고 온전히 하루를 안식하며 보내셨습니다.

안식은 하나님이 다른 엿새 동안에는 하지 않으셨던 행동이었습니다. 그분은 이 날을 매우 특별한 날로 정하셨습니다. 하나님은 안식하신 날을 일하셨던 날보다 더 소중하게 삼으셨습니다.

그러나 하나님의 안식은 하나님의 창조 사역 다음에 오는 것입니다. 노동이 없으면 안식도 없습니다. 일하지 않는 사람에게는 휴식마저도 고통의 시간일 뿐입니다. 그러므로 우리가 일할 수 있다는 것은 엄청난 축복입니다. 노동은 신성합니다. 예수님도 목수로 일하셨습니다.

> 늙어 갈수록 기도를 더 많이 하라.
> 그래야 신령한 일에 냉랭해지지 않는다.
> ─조지 뮬러

1. 당신은 하나님 품에서 안식하는 법을 알고 있나요?
2. 당신은 안식이 하나님의 뜻인 것을 알고 있나요?
3. 하나님의 안식은 하나님의 창조 사역 다음에 오는 것입니다. 노동은 신성합니다.

기도

하나님 품에서 안식하기를 원하시는 주님 앞에 나아가오니 참된 안식을 알게 하시고 어린아이가 아빠 품에서 잠들듯이 주님 품에서 안식하게 하소서.

**수고하고 무거운 짐진 자들아 다 내게로 오라
내가 너희를 쉬게 하리라** * 마 11:28

제3일 용기를 구하는 기도

**내 힘으로 고칠 수 있는 일에 대해서는
그것을 고칠 수 있는 용기를 주소서.**

하나님이여,
나에게 내가 변화시킬 수 없는 일에 대해서는
그것을 받아들일 수 있는 평정을 주시고,

내 힘으로 고칠 수 있는 일에 대해서는
그것을 고칠 수 있는 용기를 주시며,

그리고 이 두 가지 차이를 깨달아 살 수 있는
지혜를 허락해 주옵소서.

-라인홀드 니버

예화

1347년 도버해협 양쪽 두 나라 사이에 벌어진 백년전쟁 때의 일입니다. 1년 가까이 영국의 공격을 막던 프랑스의 북부도시 칼레는 원병을 기대할 수 없는 절망적인 상황 속에서 결국 백기를 들었습니다. 항복 사절은 도시 전체가 불타고 모든 칼레의 시민이 도살되는 운명을 면하기 위해 영국 왕 에드워드 3세에게 자비를 구하였습니다.

완강한 태도를 보이던 영국 왕의 태도가 차츰 누그러져 이렇게 명하였습니다.

"좋다. 칼레시민들의 생명은 보장하겠다. 그러나 누군가는 그동안의 어리석은 반항에 대해 책임을 져야만 한다. 칼레의 시민을 대표하는 6명은 교수형에 사용할 밧줄을 목에 걸고 맨발로 걸어 내 앞에 나와야 한다."

시민들은 기뻐할 수도 슬퍼할 수도 없었습니다. 누군가 6명이 그들을 대신해 죽어야만 했기 때문입니다.

그때 용감하게 나선 6명이 있었습니다. 모두 그 도시의 핵심인물이며 절정의 삶을 누리던 부유한 귀족이었습니다. 칼레에서 가장 부자인 위스타슈 생 피에르가 가장 먼저 희생을 자원하자 장 데르, 자크 드 위상, 장 드 피에네, 피에르 드 위상, 앙드레 당드리에 등이 영국 왕에게 바치는 칼레시의 열쇠를 들고 밧줄을 목에 건 채 맨발로 나섰던 것입니다.

하지만 처형되려던 마지막 순간 에드워드 3세는 임신한 왕비의 간청을 듣고 그 용감한 시민 6명을 살렸습니다. 550년이 지난 1895년 칼레시는 조각가 로댕에게 그 용감한 6명의 칼레시민들을 위한 기념동상을 주문했습니다. 그것이 바로 로댕의 '칼레의 시민'입니다. 비장한 슬픔으로 얼룩진 이 조각상은 노블레스 오블리주의 교훈을 남겨주는 동시에 한 알의 밀이 썩어질 때 많은 생명의 열매를 맺는다는 주님의 교훈을 일깨워 줍니다.

✢ **밀알의 교훈**

생각

두려움은 누구에게나 있습니다. 그러나 헌신과 순종이 앞설 때 모든 것을 떨칠 수 있습니다. 진정한 용기는 하나님께 자신을 드리는 것입니다. 용기를 가지고 남이 아닌 자기 자신으로 사는 첫 걸음은 지나치게 머뭇거리지 않고 쉽게 시작해버리는 것입니다. 많은 열매를 맺는 사람에게는 특징이 있습니다. 그것은 일을 쉽게 시작한다는 점입니다. 반면에 일을 못하는 사람에게도 특징이 있습니다. 그것은 늘 잔뜩 벼르기만 한다는 점입니다.

용기는 결단과 함께 갑니다. 하나님의 말씀을 믿는 사람이라면, 하나님의 말씀이 100퍼센트 확실한 진리임을 확신합니다. 분명히 알고 추진하는 일에 주저할 이유는 없습니다. 말씀이 지시하는 명백한 진리는 우리가 머뭇거릴 여지조차 주지 않는 것입니다.

그런데 역설이 하나 있습니다. 그것은 용기는 우리가 두려움을 느낄 때 생긴다는 것입니다. 우리가 도전해야 할 무언가가 있다면 어느 정도 긴장을 해야 합니다. 용기는 두려움 없이 생기지 않기 때문입니다. 다시 말하면 용기는 두려움을 알지만 그 두려움에 굴

복하지 않는 것입니다. 그래서 두려움이 생겼다 해서 겁먹거나 떨지 말아야 하는 것입니다. 오히려 한걸음 더 나아가는 용기를 내어야 합니다. 두려움이 클수록 더 굳세어지는 사람이 진정으로 용기 있는 사람입니다.

아버지와 같이 있기를 바라는 것 이외의 것을
바라지 않는 것이 기도의 가장 기본적인 의식이다.
-랙스데일

묵상

1. 당신은 두려움과 친구인가요? 용기와 친구인가요?
2. 당신은 희생하는 용기를 내본 적이 있나요?
3. 진정한 용기는 하나님을 신뢰하고 믿음으로 실행하는 것입니다.

기도

주님! 저에게 거룩한 용기를 주시고 진리 앞에 말씀 앞에 믿음 앞에 머뭇거리지 말게 하시며 하나님의 동행을 믿고 담대히 행하게 하소서.

그러므로 우리가 긍휼하심을 받고 때를 따라 **돕는 은혜**를 얻기 위하여
은혜의 보좌 앞에 담대히 나아갈 것이니라 * 히 4:16

제4일 용서를 구하는 기도

내가 받은 은혜는 생각하지 않고
고통에 대해서만 확대해서 생각했다면
나를 용서해 주옵소서.

오! 하나님,
만약 내가 오늘 하루동안
나 혼자만 바쁘고
나 혼자만 할 일 많은 사람처럼 행동했다면
나를 용서해 주옵소서.

만약 내가 오늘 나 한 사람에게만
매사가 어렵고 잘 풀리지 않으며
마치 다른 누구보다도
힘든 인생을 살아가고 있는 것처럼 행동했다면
나를 용서해 주옵소서.

만약 내가 오늘 나만이 억울함이나 홀대를 당하고
부당한 대우를 받는 사람처럼 행동했다면

나를 용서해 주옵소서.

그리고 내가 받은 은혜는 생각하지 않고
고통에 대해서만 확대해서 생각했다면
나를 용서해 주옵소서.

지금부터는 나 자신보다 다른 사람을 훨씬 더 생각함으로
모든 것을 바른 관점에서 볼 수 있게 하옵소서.

이 모든 것을 당신의 사랑에 의지하여
예수 그리스도의 이름으로 기도합니다. 아멘.

― 윌리암 바클레이

🌸 예 화

세계 2차 대전 직전, 파리에 앙리코라는 사람이 살고 있었습니다. 어느 날 밤, 두명의 도둑이 트럭에서 내려 은밀히 목재더미로 왔습니다. 앙리코는 그들의 의도를 알았지만 그들을 용서하고 싶었습니다. 앙리코는 그들에게 가서 조용히 목재 싣는 일을 도와주었습니다. 그리고 물었습니다.

"어디에 사용할 거죠?"
"집짓는 데 사용할 거요."

그 말을 들은 앙리코는 다른 목재더미를 가리키며 말했습니다.

"집짓는 데는 저쪽 나무들이 좋아요."

트럭에 목재가 다 찼을 때 한 도둑이 그에게 말했습니다.

"당신도 도둑질 끝내주는데."

"나는 도둑이 아니라 이 목재소 주인이오."

도둑들이 깜짝 놀라 급히 도망치려고 하자 그가 다시 말했습니다.

"두려워 마시오. 경찰을 부르지 않았소. 다만 내 말 한 마디만 듣고 가세요."

앙리코는 그들에게 복음을 전했고 믿음을 가지라고 했습니다. 그들은 마음을 열었습니다.

얼마 후, 세계 2차 대전이 시작되자 앙리코는 한 유대인 가족을 2년간 숨겨주다 이웃의 밀고로 나치에 체포되어 수용소로 가게 되었습니다. 1944년 성탄절 때, 수용소장이 그를 불러 풍성한 음식을 가리키며 말했습니다.

"이 음식들은 너를 위해 네 아내가 보냈지. 음식 솜씨가 훌륭해. 네가 이곳에 올 때부터 이렇게 매일 음식을 보내서 내가 대신 잘 먹었지."

그때 앙리코가 말했습니다.

"당신을 사랑합니다. 계속 맛있게 드세요."

소장이 너무 기가 막혀 방금 한 말을 다시 해보라고 했습니다.

그러자 앙리코는 또 말했습니다.

"당신을 사랑합니다. 그 음식을 맛있게 드세요."

그때 소장이 외쳤습니다.

"이 자를 끌고 나가! 이제 이 자가 미치려고 한다."

얼마 후, 전쟁이 끝나 앙리코는 풀려났습니다. 몇 년이 지나 앙리코는 자신이 갇혔던 곳에 아내와 함께 방문했다가 그 근처에 옛 수용소장이 산다는 얘기를 들었습니다. 그는 아내가 직접 만든 맛있는 요리를 들고 그 소장의 집을 찾아가 물었습니다.

"나를 기억 못하세요?"

그가 고개를 흔들자 앙리코는 다시 말했습니다.

"1944년 성탄절 때, 당신 사무실에서 제가 당신을 사랑한다고 하자 당신은 내게 미쳤다고 했죠?"

소장이 소스라치게 놀라자 앙리코는 계속 말했습니다.

"저는 그때 정말 미치지 않았어요. 지금도 그래요. 당신과 함께 식사하고 싶은데 허락해주시겠습니까?"

결국 같이 식사를 하게 되었습니다. 식사 중에 옛 소장이 갑자기 톤을 높여 말했습니다.

"도대체 당신이 원하는 게 뭐요?"

그때 그에게 복음을 전하고 믿음을 권하자 마음을 열고 그리스도를 영접했습니다.

✚ 용서의 빛으로 세상을 밝힌 사람

생각

진실한 용서는 북극 같은 마음도 녹이고, 어떤 강자라도 무릎 꿇립니다. 용서의 힘은 무력보다 강합니다. 무력은 외부만을 제어할 수 있지만 용서는 내부까지 움직입니다. 용서는 영혼의 치료약이며 용서의 빛으로 세상을 밝혀줍니다. 용서의 태양이 비치면 먼지도 빛이 나고 불결함은 고결함으로 변합니다. 용서의 연쇄반응은 불행의 연결고리를 끊습니다. '참된 용서'가 '참된 용기'입니다.

그리고 용서는 우리를 상처투성이의 나약한 자로 만들기보다는 우리의 삶과 일에 힘을 더해 줍니다. 또한 용서는 복수와 인간 정의 간의 난해한 수수께끼를 떠나 진정한 마음의 평화를 경험하게 하며 아무리 어려운 상황도 해결로 이끕니다. 그뿐만이 아니라 우리 자신이 한 용서의 행위가 다른 사람에게서도 열매를 맺음으로써 긍정적인 연쇄 반응의 물꼬가 트이게 되는 것이다.

> 하나님께서 우리에게 말씀하실 것은
> 우리가 하나님께 말씀드려야 할 것보다 더욱 중요한 것이다.
> ―마클라 쉴란

1. 당신은 진정한 용서를 경험한 적이 있나요?

2. 지금 용서할 사람이 생각나거든 어떻게 용서의 샘에 접근해야 할까요?

3. 용서는 힘든 일이지만 단행하면 자유를 얻습니다. 첫 발자국을 떼어보세요.

기도

나에게 상처를 준 사람들을 용서하는 것이 어렵습니다. 주님! 진실한 용서를 할 수 있는 용기와 너그러운 마음을 주셔서 하나님 말씀 앞에 순종하게 하소서.

서로 인자하게 하며 불쌍히 여기며 서로 용서하기를 하나님이 그리도 안에서 너희를 용서하심같이 하라 *엡 4:32

제5일 평안을 구하는 기도

**내가 할 수 있는 것들에 대해
염려하지 않게 하소서.**

오! 하나님, 당신은 평강의 하나님이시요,
나는 걱정이 많은 나약한 인간입니다.
전혀 해결될 수 없는 것들에 대해 염려함으로
시간을 낭비하지 않게 하시고
그것들을 단념하여 수용케 하심으로
염려를 물리치게 도우시옵소서.

내가 할 수 있는 것들에 대해 염려하지 않게 하시며,
그것을 위해 스스로 노력하게 도우시옵소서.
그것이 내게 많은 노력을 요구하고
나아가서는 자신의 잘못을 고백하고
자존심을 꺾어야 할 만큼 어려운 것일지라도
도우시옵소서.

과거의 잘못에 대한 불안에 사로잡히지 않게 하시며,

비록 내가 죄인이지만
이제 죄의 값을 탕감받았다는 것을
확신하고 기억하게 하옵소서.

장래에 대해 불안해하지 말게 하시고,
내가 감당할 시험밖에는
결코 당하지 않는다는 것을 확신케 하옵소서.

오늘밤 편안한 잠자리가 되게 하시고,
내일은 담대하고 자신에 차며
능동적으로 살아가게 하옵소서.

예수님의 이름으로 기도드립니다. 아멘.

-윌리엄 바클레이

예화

나폴레옹이 유럽을 정복하고 워털루 전투에서 패전한 뒤 세인트헬레나 섬에 유배돼 있을 때의 일입니다. 그는 지난 날 세계를 제패했던 영웅이었지만 이제는 죄인의 몸이 되었기 때문에 좀처럼 남들에게 자신의 초라한 모습을 보여주려 하지 않았습니다. 그러던 중 한 기자가 그를 인터뷰하게 됐습니다.

"지난 날을 회상할 때 가장 행복했던 순간은 언제였습니까?"

나폴레옹은 백발을 날리며 눈을 지그시 감은 채 눈물을 흘렸습니다.

"스위스의 알프스 산맥을 넘을 때였지. 잠시 전투가 그친 어느 주일 아침이었는데, 산 아래 조그만 교회에서 종소리가 울려왔지. 그 소리에 이끌려 교회로 들어갔다네. 나는 그때 눈물을 흘리며 인생 최고의 행복을 맛봤다네."

천하를 정복했던 나폴레옹도 하나님의 집에서 안식을 찾았습니다. 탕자같이 방황했던 어거스틴도 주님 품에 안긴 후에야 참된 평안을 느꼈다고 고백했습니다. ✚참 평안이 있는 곳

✿생 각

평화는 두 가지가 있습니다. 하나는 로마사람들이 말하는 평화인 '팍스'입니다. 영어의 'Peace'라고 하는 평화입니다. 이 평화는 힘으로 주어지는 것입니다. 이 세상의 것으로 주어지는 것입니다. 이 세상에서 잘되고 싸움에서 이기고 로마식으로 무기를 가지고 힘이 있어야 평화가 있다는 논리를 가진 평화입니다.

그러나 성경에서 말하는 평화는 위로부터 주시는 은혜입니다. '샬롬'이라는 단어는, 동사 '쉴람'에서 왔습니다. '쉴람'이라는 말은 '지불하라'는 뜻입니다. 다시 말하면 주님께서 십자가에서 대가를 지불했기 때문에 우리에게 영원한 참 평안이 온다는 것입니다.

참된 평화란 마음속의 평안입니다. 돈과 좋은 환경, 권세가 주는 평안은 얼마 있지 않으면 모두 무너집니다.

> 아침에 하나님의 말씀을 읽고
> 기도하는 시간을 빠뜨리면 하루를 온전히 보낼 수 없다.
> -매튜 헨리

1. 당신은 참 평안이 무엇인지 알고 있나요?
2. 평안을 조건이나 환경에서 찾은 적은 없나요?
3. 평안은 외형적인 것이 아닙니다. 참된 평안은 은혜입니다.

주님! 참된 평안 속에서 살 수 있도록 은혜를 베풀어 주시고, 환경에서, 조건에서, 물질에서 평안을 찾으려했던 어리석은 마음을 다스려주옵소서.

그리스도의 평강이 너희 마음을 주장하게 하라

평강을 위하여 너희가 한 몸으로 부르심을 받았나니

또한 너희는 감사하는 자가 되라 * 골 3:15

제 6일 평화를 구하는 기도

**이해받기보다는 먼저 이해하며
사랑받기보다는 사랑하게 해 주소서.**

오 주여!
우리로 하여금
당신의 평화의 도구로 삼아 주소서.

미움이 있는 곳에 사랑을 주고
악행을 저지르는 자를 용서하며
다툼이 있는 곳에는 화목케 하며
잘못이 있는 곳에 진리를 알리고
회의가 자욱한 곳에 믿음을 심으며
절망이 드리운 곳에 소망을 주게 하소서.
또한 어두운 곳에는 당신의 빛을 비춰며
슬픔이 쌓인 곳에 기쁨을 전하는
사신이 되게 하소서.

위로받기보다는

먼저 위로를 베풀고
이해받기보다는 먼저 이해하며
사랑받기보다는 사랑하게 해 주소서.

우리는 줌으로써 받고
자기를 버려 죽음으로써
영생을 누리기 때문입니다.

생명의 주 예수 안에서
그 이름으로 빕니다. 아멘.

-성 프란시스

🌸 예 화

 러시아의 작가 톨스토이는 원래 귀족 출신이었습니다. 그는 온갖 부귀영화를 누리며 살았습니다. 그러나 그는 인생의 참만족을 얻지 못했습니다. 그리고 작품을 통해 수많은 사람들에게 갈채를 받았으나 죄에 대한 공포와 불안한 마음을 어찌할 수가 없었습니다.

 그러던 어느 날 그가 한적한 시골 길을 걸어가던 중에 순박한 시골 농부를 만나게 되었습니다. 그런데 그 시골 농부의 얼굴에는 유난히도 평화가 깃들어 있었습니다. 톨스토이는 농부에게 가서 말했습니다.

"당신의 평화스런 삶의 비결이 무엇입니까?"

"하나님을 의지하고 살기 때문이죠. 그래서 내 마음은 기쁨으로 가득 차 있습니다."

그 말을 들은 톨스토이는 그날부터 진지하게 하나님을 찾기 시작했습니다. 그 후 그는 하나님을 만나게 되었고, 과거의 불안과 공포는 사라지게 되었습니다. ✤ 평화스런 삶의 비결

생각

작곡가 하이든은 세상을 떠나기 전에 친히 쓴 50항목에 이르는 유서의 한 구절을 "나는 나의 영혼을 하나님의 영원한 사랑과 자비에 맡깁니다."라고 적고 있습니다. 참 평화는 예수님 안에서만 찾을 수 있습니다. 예수님은 평화를 주러 오셨기 때문입니다.

부활 후 제자들을 처음 만났을 때 주님은 세 번이나 그들에게 평화를 선언하셨습니다. "너희에게 평화가 있을지어다." 또 다시 말씀하셨다. "내가 너희에게 평화를 주노라. 내가 주는 평화는 세상이 주는 평화와 같지 아니하다."

평화는 성령의 열매입니다. 우리는 언제나 평화를 구해야 합니다. 평화가 있는 사람만이 다른 사람에게 평화를 줄 수 있기 때문입니다.

기도는 끊임없이 쏟아져 나오는 끊임없는 사랑의 응답이며,
모든 영혼을 인도하시는 하나님과 사귀는 길이다.
― 스티어

묵상

1. 당신은 하나님께 평화를 구한 적이 있나요? 언제였나요?
2. 평화를 맛보았을 때 어떻게 반응해야 할까요?
3. 예수님이 주는 평화는 폭풍 가운데서도 흔들리지 않는 내적 능력입니다.

기도

주님의 평화로 내 영혼을 감싸주시고, 일생 동안 평화가 나를 주장하게 하시며, 내 마음과 생각과 말과 삶의 모든 영역을 평화로 덮어 주소서.

그는 우리의 화평이신지라 그 때에 우리는 그리스도 밖에 있었고
이스라엘 나라 밖의 사람이라 약속의 언약들에 대하여 외인이요
세상에서 소망이 없고 하나님도 없는 자이더니
이제는 전에 멀리 있던 우리가 그리스도 예수 안에서
그리스도의 피로 가까워졌느니라 * 엡 2:12-14

제 7 일 자유를 구하는 기도

**인기를 끌려는 욕망으로부터,
의심받는 두려움으로부터 자유하게 하소서.**

오 사랑의 주님,
존경받으려는 욕망으로부터,
사랑받으려는 욕망으로부터,
칭찬받으려는 욕망으로부터,
명예로워지려는 욕망으로부터,
찬양받으려는 욕망으로부터,
선택받으려는 욕망으로부터,
인정받으려는 욕망으로부터,
인기를 끌려는 욕망으로부터,

모멸받는 두려움으로부터,
경멸받는 두려움으로부터,
질책당하는 두려움으로부터,
비난당하는 두려움으로부터,
잊혀지는 두려움으로부터,

오류를 범하는 두려움으로부터,
우스꽝스러워지는 두려움으로부터,
의심받는 두려움으로부터,
자유하게 하소서. 아멘.

―마더 테레사

🌷 예화

　신앙의 고전들을 남긴 한나 허나드라는 영국 여인이 있습니다. 그녀는 좋은 신앙의 가문에서 태어났으나 19세까지 말더듬과 비정상적인 공포증 속에서 살았습니다. 그런 삶은 심리적 장애를 일으켰고 불행한 삶을 살게 되었습니다.

　그의 삶은 열등감과 공포의 노예가 된 불행 그 자체였습니다. 하나님의 존재까지 의심하며 사단에 이끌려 다니고 있었습니다. 그러다가 19세 때 그녀는 어느 수련회에 참가하게 되었습니다. 수련회 기간 중 자신에 대한 깊은 절망을 느끼고 자기 방으로 뛰어들어가 울부짖으며 기도하게 되었습니다.

　그때 그녀는 하나님의 음성을 듣고 완전히 변화를 받았습니다. 그녀는 어두움에서 벗어나 천국의 빛과 영광에 들어가게 되었다고 고백하였습니다.

　그녀는 죄와 공포의 멍에를 벗고 예수 그리스도의 은혜로 어두운 불행의 속박에서 자유를 얻은 것입니다.

그 후 그녀는 신학훈련을 쌓고 선교사가 되기 위해 준비하던 중 아일랜드에서 하나님의 음성을 다시 듣습니다. 유대인들을 위한 선교사가 되라는 것이었습니다.

그녀는 1932년부터 팔레스틴으로 들어가 이스라엘 사람들에게 복음을 전하는 사역을 평생 하게 되었습니다. 예수 그리스도의 은혜로 자유를 얻은 그녀는 예수 그리스도의 복음을 위해 충성된 종으로 변화된 것입니다.

✜ **참 자유와 헌신**

🌱 **생 각**

프랑스 파리에 있는 오르세 미술관에 있는 반 고흐의 그림 중 자유를 잘 상징한 그림이 있습니다. 밀밭으로 거센 바람이 불고 있고, 벌판 전체가 흔들리는데, 새 한 마리가 하늘로 솟구치고 있는 그림입니다. 자유를 향한 몸부림, 이것이 고흐의 작품 전체의 주제입니다.

이 그림 속에서 고흐는 자유를 표현하고 싶었던 것입니다. 그가 얼마나 자유를 원했던지, 바람결에 사정없이 흔들리는 밀의 숲 같은 세상에서 새처럼 한없이 날고 싶었던 것입니다.

그는 유난히도 태양과 함께 그림들을 많이 그렸습니다. 그래서 그를 태양의 화가라고도 부릅니다. 그러나 그는 자유하지 못했습니다. 그는 외로웠습니다. 병들어 신음하면서도 그는 그림을 통해서나마 자유하고 싶었습니다. 자신의 귀를 그리기 위해서 귀를 잘

랐건만, 진정한 자유의 그림은 되지 않았습니다. 결국 정신이상이 된 그는 권총을 머리에 쏘아 자살함으로 세상에서 자유하게 되었습니다. 그러나 과연 이것이 자유입니까? 세상을 버리는 것이 자유일까요? 진정한 의미의 자유는 그리스도 안에만 있습니다.

진실한 기도는 상처 난 가슴에서 나온다.
-로버트

묵상

1. 당신은 평안함 속에서 진정한 자유를 맛보고 있습니까?
2. 자유를 찾아 이리저리 방황한 적은 없나요?
3. 자유는 방종이 아닙니다. 지유는 그리스도 안에서 누리는 특권입니다.

기도

자유의 주인 되시는 주님! 내 마음을 내려놓습니다. 붙잡아 주시고 다스려 주옵소서. 주님 안에 참 자유를 누릴 수 있도록 오른손으로 잡아주소서.

진리를 알찌니 진리가 너희를 자유케 하리라 *요 8:32

제 8 일 행복을 구하는 기도

**오늘 하루를 이렇게 삶으로
내가 가는 곳마다 행복감이 더해지게 하옵소서.**

오! 하나님,
오늘 나의 맡은 일을 감당하기 위해서
필요한 능력을 내게 허락하시고,
그것을 보다 잘하기 위해서
필요한 성실함을 허락하시며,
비록 나를 지켜보고 칭찬하거나
잘못을 지적해주는 사람이 없을지라도,
열심히 노력하는 자기 훈련을 쌓게 하옵소서.

자신을 높이는 만큼이나
일에 최선을 다하게 하시며,
나와 함께 생활하고 같이 일하는 자에게
친절하고 그들의 입장을 헤아림으로
저들로 마음의 평안을 누릴 수 있게 하옵소서.

오늘 하루를 이렇게 삶으로
내가 가는 곳마다 행복감이 더해지게 하옵소서.
주 예수 그리스도의 이름으로 기도드립니다. 아멘.

─윌리암 바클레이

🌺예화

가난한 농부가 랍비를 찾아와 하소연을 합니다.

"랍비님, 집은 좁고 자식들은 많은데 아내는 이 세상에서 제일 지독하고 나쁜 악처입니다. 어떻게 해야 좋겠습니까?"

랍비가 말했습니다.

"양을 집안에 들여놓고 키우시오."

며칠 후 농부가 다시 찾아왔습니다.

"랍비님, 악처에 양까지! 이젠 정말 못 살겠습니다."

랍비가 다시 농부에게 말합니다. "

"닭은 어디서 기르고 있소?"

그러자 농부가 대답합니다.

"양 우리 뒤 닭장에 기르고 있습니다."

랍비가 다시 방법을 제시합니다.

"그럼 오늘부터는 그 닭들도 집안에서 기르시오."

농부는 그 다음날 당장 달려와서 랍비에게 말했습니다.

"이젠 정말 세상 끝났습니다. 마누라에 양과 닭 20마리까지 아이고…"
랍비가 기다렸다는 듯이 말합니다.
"그러면 오늘은 양과 닭을 모두 밖에 내놓도록 하시오."
다음날 농부는 기쁨에 찬 얼굴로 랍비를 찾아와서 말했습니다.
"랍비님, 이제 우리 집이 궁전과 같습니다."
언제나 행복은 우리 곁에 있습니다.

✤ **행복은 가까운 곳에**

생 각

영국 일간지인 〈런던 타임즈〉가 '가장 행복한 사람'의 정의를 현상 모집하였습니다.

1위 모래성을 막 완성한 아이.
2위 아기의 목욕을 다 시키고 난 어머니.
3위 세밀한 공예품 장을 다 짜고 나서 휘파람을 부는 목공.
4위 어려운 수술을 성공하고 막 한 생명을 구한 의사.

사람들이 빈도 높게 선호했던 행복의 조건은 대통령도, 귀족도, 고위 관리도, 재벌이나 부자, 유명 연예인도 들어있지 않았습니다. 흔히 행복은 크고 좋은 일에서만 온다고 생각하지만 사실 행복이란 가장 보람 있다고 생각하는 어떤 일을 완성하였을 때 찾아오는 것입니다.

그러나 이런 것들도 잠시일 뿐입니다. 예수님을 만나기전까지는 우리 영혼의 방황은 계속됩니다. 그러나 예수님을 인생의 주인으로 모신 사람들은 다릅니다. 예수님 안에는 만족이 있습니다. 예수님 없이 지금 쫓고 있는 그것이 채워진 후에 또 다른 빈 공간을 채우기 위해 인생을 허비하지 마십시오. 예수님은 우리가 찾고 있는 바로 그 행복의 원천입니다.

> 내가 놀라운 능력과 지혜, 창의력을
> 경험할 수 있었던 모든 것은
> 오직 기도를 통해서였다.
> — 존 맥스웰

묵상

1. 당신은 행복이 어디서 온다고 생각하고 있나요?
2. 예수님만으로 참 행복을 누려보신 적은 있나요?
3. 행복은 큰 것보다 작은 것, 소박한 것 속에 있습니다.

기도

주님! 거대한 환경이나 높은 조건, 많은 소유에서 행복을 찾지 말게 하시며 진실과 소박함, 섬김 속에서 행복을 찾게 하소서.

내가 오늘날 네 행복을 위하여
네게 명하는 여호와의 명령과 규례를 지킬 것이 아니냐 *신 10:13

제 9일 임마누엘을 구하는 기도

**당신의 오른팔로 나를 붙들어 주셔서
담대하게 주님의 믿음과 진리를 고백할 수 있게 하옵소서**

지혜와 이해와 능력의 근원이 되시는 하나님 아버지,
당신의 독생자이신 우리 구주 예수 그리스도의 공로를 힘입어
간절히 비옵나이다.
주여, 이 불쌍한 죄인에게 자비를 베풀어 주옵소서.

주님의 성령을 나의 마음속에 임하게 하여 주시사
당신의 지혜로 말미암아 이 시험을 어떻게 견디고,
어떠한 말로 저들의 물음에 대답할 것을 가르쳐 주실 뿐 아니라,
제가 하나님의 영광스러운 이름을 위하여 싸우러 나갈 때에
당신의 오른팔로 나를 붙들어 주셔서
담대하게 주님의 믿음과 진리를 고백할 수 있게 하옵시며,
나의 생명이 다할 때까지
이를 위하여 최선을 다할 수 있게 하여 주시옵소서.
주 예수 그리스도의 이름으로 비옵나이다. 아멘.

― 리들리

🌸 예화

폐렴으로 13년 동안이나 투병생활을 하다가 회생하여 '빙점'을 써서 일약 베스트셀러 작가가 된 일본의 크리스천 여류작가 미우라 아야코는 언젠가 이런 질문을 받았습니다.

"기독교에는 불교에서와 같은 염불이 없습니까?"

그녀는 대답했습니다.

"엄밀히 말하면 기독교에는 염불이 없습니다. 그러나 그와 비슷한 말은 있습니다. '임마누엘 아멘'이라는 말입니다. '나무아미타불'은 '부처와 함께 있다'라는 의미인 듯한데 그와 비슷합니다. '아멘'은 '참으로, 진실로'라고 동의하는 말이며 이것은 세계 공통의 말입니다. 그러므로 '임마누엘 아멘'이라고 하면 '하나님이 나와 함께 계십니다, 실로 그렇습니다, 감사합니다'라는 뜻이 됩니다. 나는 오랜 요양생활 가운데 문득 쓸쓸해지면 곧잘 이 '임마누엘 아멘'을 불렀습니다. 그러면 이상하게도 전능하신 하나님께서 내 곁에 계셔서 온전히 나를 지켜주시는 것이 느껴지면서 마음이 평안해지는 것이었습니다."

✤ **임마누엘 아멘**

🌱 생각

어떤 사람이 꿈을 꾸었습니다. 수평선이 보이는 모래밭 위를 걷는 꿈이었습니다. 긴 모래 길은 자신의 일생을 보여주고 있었습니다. 모래 위에는 두 사람의 발자국이 보였습니다. 하나는 자신의 것, 또 하나는 늘 동행하신 예수 그리스도의 것이었습니다. 그런데 그가 일생을 통해 극심한 고통을 당했을 때마다 모래 위에는 한 사람의 발자국밖에 없었습니다.

"저와 늘 함께 하신다고 하셨잖아요."

예수 그리스도께서는 이렇게 말씀하셨습니다.

"그것은 내 발자국이다. 네가 고통 가운데 있었을 때는 내가 너를 업고 지나왔단다."

하나님은 항상 우리를 돌보시고, 고통을 당하는 동안 우리와 함께 하십니다. 하나님이 멀리 계신 것같이 생각되는 것은 우리의 느낌일 뿐이지 실제가 아닙니다. 그분이 멀리 계신 것이 아니라 내 감정이 멀리 있는 것입니다.

하나님은 우리 삶의 아주 사소한 부분들까지도 알고 계십니다. 그분은 심지어 우리의 머리카락까지도 세고 계시는 분입니다(마 10:9-31).

기도는 하나님의 심정에 이르게 하는 것이다.
—테일러

1. 당신은 주님과 동행하는 사람인가요?
2. 당신은 하나님을 느낌으로 찾나요? 아니면 믿음으로 바라보나요?
3. 하나님은 우리의 고통의 자리, 기쁨의 자리에 동일하게 함께 하십니다.

기도

주님은 나의 동반자이십니다. 그 큰 손으로 붙잡아주시고 넓은 발로 인도해 주소서. 내가 주를 따라 살게 하시고 반발자국만 뒤에서 걷게 하소서.

**여호와는 나의 빛이요 나의 구원이시니 내가 누구를 두려워하리요
여호와는 내 생명의 능력이시니 내가 누구를 무서워하리요** * 시 27:1

제10일 담대함을 구하는 기도

내 심장을 당신의 피로 채우소서.
나도 당신의 쓴잔을 마시리다.

주여! 골고다에 흘려진 이 선혈이
정녕 내 죄를 대속한 당신의 보혈이란 말입니까.
십자가 위에서 목말라 하심이
진정 나의 구원을 위한 당신의 절규였나이까.

주여! 당신이 흘리신 그 보혈을
내가 무엇으로 갚으리까
당신의 그 사랑을
내가 어찌 감당하리까.

주여! 당신의 그 뜨거운 피를
내 가슴에 부으소서.
내 심장을 당신의 피로 채우소서.
나도 당신의 쓴잔을 마시리다.

주여! 이제는 나로 하여금
죽을 자리를 찾게 하소서.
내 가슴이 당신의 피로 채워지면
심장을 찢어 대지를 적시이리다.

주여! 이제 내게서 두려움을 거두소서.
십자가 앞으로 담대히 나가게 하소서.
당신과 같이 죽을 수 있도록
사랑의 불로 태우소서.

주여! 당신의 남은 고난을 위해
이제는 내가 피 흘리리다.
내 심장을 쪼개 당신께 드리리다.
나도 당신과 같이 죽겠나이다.

－가조

🌸 예 화

개척 시대의 어느 외딴 산골에 한 소년이 살고 있었습니다. 소년이 살고 있는 가까운 곳에서 학교가 생겼습니다. 그러나 소년은 나무가 울창한 밀림 지대를 지나야만 학교를 갈 수 있었습니다. 소년의 아버지는 자기 아들이 굳세고 용감하게 성장해 주기를 원했기 때문에 아들에게 혼자서 그 숲을 지나 학교에 가야 된다고 말했습니다.

그러나 소년은 그 컴컴한 숲을 걸어갈 때에는 언제나, 곰이나 사나운 인디언들을 만나면 무서워서 어쩌나하는 두려움이 있었습니다.

그런데 어느 날 오후, 소년은 숲을 지나다가 길 오른쪽에 버티고 서 있는 곰을 보았습니다. 곰은 으르렁거리며 소년을 노려보았고 소년은 너무 무서워서 꼼짝 않고 그대로 서 있었습니다. 도망친다해도 곰이 소년을 따라 잡을 것은 뻔한 이치였기 때문입니다. 이처럼 도망칠 수도 없고 그렇다고 곰과 맞서 싸울 수도 없는 곤경에 빠져 있는데, 총소리가 요란하게 났습니다. 곰이 땅에 쓰러졌습니다. 그리고 곰이 쓰러져 죽는 것과 동시에 소년의 아버지가 관목 숲 사이에서 나타났습니다. 아버지는 튼튼한 팔로 아들을 안아 주며 말했습니다.

"괜찮니? 난 언제나 너와 함께 있었단다. 매일 아침 학교로 가는 너를 뒤따라갔었고 오후가 되면 숲의 그늘에 숨어 너를 지켜보았지. 네가 용감하게 자라주길 원했기 때문에 이 아빠는 너에게서 숨은 거야."

✚ 보이지 않는 곳에 있는 아버지

🌷 생 각

무섭 데이(Day), 하루하루 살아가는 것에 대한 두려움을 표현한 말입니다. 불확실한 미래에 대한 두려움을 표현하는 풍자적인 유머로 이 시대를 살아가는 사람들의 자화상일 수도 있습니다.

하나님은 우리의 마음을 강하게 해 주십니다. 그 담대함 가운데, 믿음으로 기도하고 하나님의 뜻에 겸손히 굴복하면 승리가 찾아오는 것입니다. 또한 무엇을 하든 하나님을 바라는 일에 태만해지지 않고, 하나님을 바라는 사람은 담대해집니다.

두려움은 하나님이 주시는 것이 아닙니다. 하지만 그 두려움의 힘은 강력해서 믿는 자들의 마음을 강하게 흔들곤 합니다. 하지만 우리는 기억해야 합니다. 하나님의 자녀 됨으로 승리를 약속 받았고, 주님의 군사로 임명되었음을 기억해야 합니다. 믿음에서 나오는 담대함은 승리를 거두는 길입니다. 오늘 당신을 가로막는 두려움 앞에 담대함을 선포하십시오.

진심으로 기도하면 어느 때 어떻게 해서든지 어떤 형태로든 응답이 온다.

-아드님람 저드슨

1. 당신은 두려운 환경 앞에서 어떤 태도를 취하나요?
2. 당신은 믿음으로 기도하고 하나님을 바라나요?
3. 우리는 승리를 약속받은 존재들입니다. 담대함은 전공과목입니다.

기도

함께 하신다고 약속하신 주님! 마음을 흔드는 두려움을 이기게 하시고 겸손히 엎드려 기도하오니 승리를 약속하신 말씀을 붙잡고 담대하게 싸워 이기게 하소서.

너는 여호와를 바랄지어다 강하고 담대하며 여호와를 바랄지어다 *시편 27:14

맥아더 장군의 자녀를 위한 기도

나에게 이러한 자녀를 주옵소서.
약할 때에 자기를 분별할 수 있는 강한 힘과
무서울 때에 자기를 잃지 않을 수 있는 대담성을 가지고
정직한 패배에 부끄러워하지 않고 태연하며
승리에 겸손하고 온유한 자녀를 나에게 주시옵소서.

생각해야 할 때 고집하지 말게 하시고
주를 알고 자신을 아는 것이
지식의 기초임을 아는 자녀를 나에게 허락하옵소서.

바라옵건데 그를 쉬움과 안락의 길로 인도하지 마시고
고난과 도전에 대하여 분투 항거 할 줄 알도록 인도하여 주시옵소서.
그리하여 폭풍 속에서 용감히 참을 줄 알고
패자도 긍휼히 여길 줄 알도록 가르쳐 주시옵소서.

그 마음이 깨끗하고 그 목표가 높은 자녀,
남을 정복하려고 하기 전에 먼저 자기 자신을 생각하는 자녀,
장래를 바라보는 동시에 과거를 잊지 않는 자녀를 나에게 주시옵소서.

이것을 다 주신 다음에 이에 더하여 유머를 알게 하시며
인생을 엄숙히 살아감과 동시에 삶을 즐길 줄 알게 하시며
자기 자신을 너무 중대하게 여기지 말고
겸손한 마음을 가지게 하여 주옵소서.
그리하여 참으로 위대한 것은 소박하다는 점과
참된 지혜는 개방된 것이요,
참된 힘은 온유한 사랑이라는 것을 명심하도록 하여 주옵소서. -아멘-

2부
성품 다듬기

주님을 참으로 사랑하는 모든 사람을
명령하신 율법대로 사랑하게 하옵소서

제 11 일 실천을 구하는 기도

**사람들이 제 인생을 볼 때
그들이 당신도 보게 하소서.**

주여 저를 통해서
이 세계를 사랑하소서.

이 세상의 깨어진 사람들을,
주여 당신은 죽음으로써
사랑하셨나이다.
오, 저를 다시 사랑하소서.

주여,
사람들은 절망 속에 있나이다.
오, 제가 알고 보살피게 하소서.
사람들이 제 인생을 볼 때
그들이 당신도 보게 하소서.

오, 저를 통해서

이 세계를 사랑하소서.

－윌 하프톤

🌸 예화

영국의 유명한 설교가였던 찰스 스펄전이 시골에 있는 어떤 농가를 방문했습니다. 농가의 마당 한쪽 편에는 큰 풍향계 하나가 서 있었습니다. 풍향계 끝에는 바람의 방향을 가리키는 화살촉이 바람 부는 대로 이리저리 흔들리고 있었습니다.

스펄전은 그 모습을 재미있게 관찰하고 있었습니다. 그런데 가만히 보니까 화살촉 밑에 표가 하나 달려있었습니다. 그리고 그 표에는 무엇이라고 글자가 쓰여 있었습니다. 스펄전은 과연 무엇이라고 쓰여 있을지 궁금해서 풍향계 밑으로 가까이 다가갔습니다. 거기에는 이렇게 적혀 있었습니다.

"하나님은 사랑이시라."

요일 4:16의 말씀이었습니다. 스펄전은 좀 의아스럽게 생각되었습니다. 그래서 그 집 주인인 농부에게 물어보았습니다.

"설마 하나님의 사랑이 바람 부는 대로 바뀐다는 뜻은 아니겠지요?"

그러자 농부는 웃으면서 이렇게 대답했습니다.

"물론입니다. 정반대이지요. 바람이야 어떠한 방향으로 불든지 간에 하나님의 사랑은 여전히 변함이 없다는 뜻으로 거기에 그 말

씀을 적어놓은 것입니다." ✢ **변함없는 사랑**

✿ 생 각

2세기의 사상가 쎌서스가 쓴 〈진실한 담화〉(TrueDiscourse)라는 글이 기독교를 비판한 역사상 최초의 책입니다. 그는 초창기 기독교인들을 이렇게 비판했습니다.

"그들은 논리와 상식을 벗어난 사람들이다. 그들은 인사도 나누기 전에 사랑하며 알지도 못하면서 사랑한다."

논리적으로는 이 비평이 맞을지 몰라도 초대교회 크리스천들이 얼마만큼 깊이 있는 사랑을 생활화하고 있었는지 증명해 주는 글이기도 합니다. 상대방의 경제적 상황, 사상적 배경, 사회적 지위, 인종과 민족을 알아보고 사랑한 것이 아니라 "인사도 나누기 전에 사랑하고 알기도 전에 사랑한다"는 초대교회의 신자들의 사랑이야말로 예수님의 사랑을 실천에 옮긴 것입니다.

사랑이란 마음에 담아 놓는 것뿐만 아니라 실천하는 것입니다. 사랑은 관념이 아니라 실체이기 때문입니다. 행동으로 옮겨진 실천된 사랑만이 열매를 만듭니다.

진정한 기도는 그의 입술의 말에
그 사람의 마음 자세에 있다.
-티틀

묵상

1. 당신은 사랑하며 사랑 받으며 살고 있나요?
2. 당신은 사랑의 행동을 누구에게 어떻게 하나요?
3. 사랑은 받아본 사람이 더 깊고 넓게 나눌 수 있습니다.

 기도

주님 안에서 사랑의 본질을 먼저 체험하게 하시고, 사랑은 하나님께 속한 것이라 하셨으니 내가 먼저 하나님을 사랑하고 이웃을 내 몸처럼 사랑하게 하소서.

**사랑하는 자들아 우리가 서로 사랑하자
사랑은 하나님께 속한 것이니
사랑하는 자마다 하나님께로 나서 하나님을 알고** *요일 4:7

제12일 판단을 구하는 기도

**항상 당신의 뜻에
무엇이 정말로 즐거운 것인가를 묻게 하소서.**

오 주여,
내가 알아야 할 것을 알게 하시고
내가 사랑해야 할 일을 사랑하게 하시며
당신을 가장 기쁘게 하는 일을
찬양하게 하시고
당신이 보시기에 값진 것을
가치 있게 생각하게 하시고
당신께 거스르는 일을 미워하게 하소서.

내 눈에 보이는 대로 판단하게 하지 마시고
무지한 인간의 귀에 들리는 대로
말하지 말게 하시고
눈에 보이는 영적인 것 사이에서
참된 판단을 분별 있게 내리도록 하시며
무엇보다도 항상 당신의 뜻에

무엇이 정말로 즐거운 것인가를 묻게 하소서.

-토마스 아 켐피스

🌺 예화

폴란드의 피아노 연주가이며 작곡가로 정치가로 유명한 파데레프스키가 미국을 방문했을 때의 일입니다. 보스턴 역에서 기차를 기다리고 있을 때 열두세 살 되어 보이는 구두닦이 소년 하나가 그에게 다가와 인사를 꾸벅하고는 구두를 닦게 해 달라고 했습니다. 누추한 작업복을 입고 손에는 솔을 들고 있는 소년의 얼굴에는 구두약이 묻어 더러워져 있었지만 귀여웠습니다.

그래서 파데레프스키가 말했습니다.

"내 구두는 지금 당장 닦지 않아도 좋은데 네 얼굴은 좀 닦아야 하겠구나. 네가 얼굴을 닦고 오면 이 은전을 너에게 주겠다."

파데레프스키는 주머니에서 은전을 꺼내 보였습니다. 그랬더니 소년은 즉시 얼굴을 깨끗이 닦고 돌아왔습니다.

파데레프스키는 웃으면서 소년을 한 번 안아 주고서는 약속대로 은전을 손에 쥐어 주었습니다. 소년은 돈을 받았다가 다시 파데레프스키에게 돌려주면서 말했습니다.

"이번에는 제가 이 은전을 드릴 터이니 아저씨, 머리 좀 깎고 오세요."

왜냐하면 파데레프스키의 모자 속에는 긴 머리털이 단정치 못하게 늘어져 있었기 때문입니다. 그는 평소에 긴 머리털을 예술가의 자랑으로만 생각하고, 그것이 다른 사람 보기에는 흉하게 여겨지고 있는 사실을 미처 깨닫지 못하고 있다가 어린 아이에게 망신을 당한 것이다. 사람들마다 다른 사람의 결점은 쉽게 보면서도 자신의 결점은 보지 못하는 것이 포장된 결점입니다.

생각

우리가 판단을 내려야 할 때에는 아무도 없는 곳에서 하나님 앞에 묵상하고 가슴 속에서 울려나오는 음성을 들으면 좋습니다. 하나님 앞에 우리의 마음을 내어 놓고 하나님의 품 안에서 묵상하고 기도하면 하나님은 세미한 음성을 들려주십니다.

하나님 말씀을 통해, 하나님의 지혜와 지식과 판단을 얻어서 행하게 되면 우리는 궁극적으로 성공적인 길을 걸어가게 되는 것입니다.

하나님에게 사로잡히지 않은 판단력은 상처를 주게 됩니다. 서로를 개인의 눈으로 판단하기보다는 서로가 연약한 사람들이라는 것을 인정하고, 서로 세워주기 위해 노력해야 합니다.

사람은 잘못 판단하기 쉽습니다. 내가 보기에는 틀려도 하나님 보시기에 옳은 일도 있고, 현재는 틀려 보이지만 나중에 옳은 것이 판명되기도 하고, 겉으로는 좋아 보여도 속으로 나쁠 수도 있습니다. 또 내 눈 속에 들보가 있는데 남의 눈에 티를 빼라고 하기도 쉽습니다.

남을 비판하는 만큼 자기도 비판을 받게 되고 남에게 너그러우면 자기도 너그러운 판단을 받게 된다는 사실을 알아야 합니다. 겸손한 사람은 남을 쉽게 판단하지 않습니다. 지혜로운 사람은 귀가 길고 혀가 짧습니다.

> 싸움터에 나갈 때는 한 번 기도하라.
> 바다에 나갈 때는 두 번 기도하라.
> 그리고 결혼할 때는 세 번 기도하라.
> -러시아 격언

묵상

1. 당신은 다른 사람을 쉽게 판단하나요?
2. 판단을 할 때 하나님 앞에 나아가고 신중한 태도를 취하나요?
3. 판단자는 하나님이십니다. 그분의 음성에 귀를 기울이면 실수가 적습니다.

기도

살아계신 주님! 저에게 예수님을 닮은 바른 판단력을 주시고 다른 사람을 쉽게 판단하지 않게 하시며 지혜와 너그러움으로 바라보게 하소서.

너희의 비판하는 그 비판으로 **너희가** 비판을 받을 것이요
너희의 헤아리는 그 헤아림으로 **너희가** 헤아림을 받을 것이니라 * 마 7:2

제13일 진실을 구하는 기도

**하나님의 자녀로서
모든 속이는 영들이 나에게서 떠나기를 명령합니다.**

하나님 아버지!
당신은 우리 중심에 진실함을 원하시며
이 진리가 자유케 하는 것을 저는 알고 있습니다.
저는 거짓의 아비 마귀에게 속은 것과
또 제가 제 자신을 속인 것을 알고 있습니다.

하나님 아버지께서 예수님의 흘리신 보혈과
그의 부활로 인하여 모든 속이는 영들을 꾸짖어 주십시오.
또한 믿음으로 제가 하나님을 제 생애에 영접하여
그리스도와 함께 하늘에 앉았으니
그런 하나님의 자녀로서
모든 속이는 영들이 나에게서 떠나기를 명령합니다.

이제 성령께서 진리로 저를 인도하시기를 기도드립니다.
하나님께서 "나를 살피사 내 마음을 아시며

나를 시험하사 내 뜻을 아옵소서
내게 무슨 악한 행위가 있나 보시고
나를 영원한 길로 인도해 주옵소서.
예수님의 이름으로 기도 드립니다. 아멘.

-닐 앤더슨

🌸 예화

 영국의 희극 배우 찰리 채플린은 매우 불우한 집안에서 태어났습니다. 그러나 그는 늘 낙천적이고 긍정적으로 살았습니다. 나비 같은 콧수염과 펑퍼짐한 슬통 바지, 그리고 오른쪽과 왼쪽이 뒤바뀐 구두 등은 그의 트레이드마크입니다.
 채플린은 남의 흉내를 내는 일에는 단연 천재적 소질을 지니고 있었습니다. 유명세에 몰려 매우 분주한 시간을 보내던 그가 하루는 남몰래 여행을 떠났습니다. 어느 작은 시골 마을을 지날 때였습니다. 때마침 그곳에서는 '채플린 흉내 내기 대회'가 열리고 있었습니다.
 모두들 외모부터 진짜 채플린처럼 분장을 하고 나와서 채플린 특유의 몸짓과 말투를 흉내 내고 있었습니다. 채플린은 장난기가 발동했습니다. 그는 자기 신분을 속이고 그 대회에 출전했습니다. 그런데 심사 결과는 진짜 채플린이 3등을 차지한 것입니다. 그 대회에서는 진짜 채플린보다 더 실감나게 연기를 한 가짜 채플린이

두 사람이나 더 있었던 것입니다.

　진짜보다 가짜가 더 진짜 같을 수 있다는 사실을 말해주는 일화입니다.
✤ 진짜보다 더 진짜 같은 가짜

❦ 생 각

　진실이 중요한 이유는 우리가 인간으로 태어나 관계 속에서 살아가기 때문입니다. 진실의 역할은 관계의 모든 측면에 신뢰를 쌓아 나가는 것입니다. 그런데 만일 우리가 스스로에게 거짓말을 한다면, 자신의 강점을 개선하고 키워 나가지 못하게 됩니다.

　그리고 다른 사람에게 거짓말을 한다면, 기본적으로 그들과의 관계 형성을 저해하게 됩니다. 개인적인 이해를 위해서 공동의 선을 희생하게 됩니다. 결과적으로 관계라는 섬세한 실로 연결되어 있는 인간사회라는 조직이 약화됩니다.

　그리고 하나님께 거짓말을 한다면, 그것은 하나님을 조롱하는 것입니다. 다시말하면 우리는 이 세상의 중심에 우리 자신을 두고, 점점 관계의 중요성을 무시하게 되면서 '하나님을 우롱'하는 늪에 빠지게 됩니다.

　진실하지 않으면 '건전한 관계'와 '건강한 삶'을 맞이하기에는 부족한 사람이 될 것입니다. 진실은 관념이나 추상이 아니라 구체적인 행동입니다. 진실은 말로 입증되는 것이 아니라 수고와 노력이 동반된 행동으로 입증되는 것입니다. 예수님은 자신의 진실과 사랑을 입증하시기 위하여 철저히 낮아져서 십자가에서 자신의 피 한방울까지도 남김없이 다 내어주셨습니다. 그러므로 주님의 십자가가 진실의 영원한 모델입니다.

> 지나친 사람이 없는 것처럼
> 지나친 기도란 없다.
> -빅토르 위고

묵상

1. 당신은 하나님과 사람 앞에 진실한가요?
2. 건전하고 건강한 관계를 위해 진실은 필요한 덕목입니다.
3. 참된 진실은 십자가 앞에서, 예수 그리스도에게서 배우는 보물입니다.

기도

정직과 진실을 기뻐하시는 주님! 토기장이가 계획을 가지고 쓸모에 적당하게 그릇을 빚듯, 계획을 가지고 저의 인생을 만들어 가시는 하나님께 감사드립니다. 저를 단련하사 하나님께 쓰임받기에 합당한 그릇으로 빚어주옵소서.

빛의 열매는 모든 착함과 의로움과 진실함에 있느니라 * 엡 5:9

제14일 사랑을 구하는 기도

**주님을 참으로 사랑하는 모든 사람을
명령하신 율법대로 사랑하게 하옵소서.**

오 주님!
우리 안에 주님의 사랑을 깊게 하시고
주님을 사랑함이 얼마나 달고
주님 사랑 속에 우리가 녹아지고,
그 사랑에 잡힘이 얼마나 행복스러운가를
우리들 속 마음으로 알게 하옵소서.

주님의 사랑이 우리를 소유하며
우리를 위로위로 우리의 상상이 이르지 못할 지경으로 뜨겁고
놀라웁게 우리를 높여 주옵소서.
그리고 사랑의 노래를 우리로 하여금 노래하게 하옵소서.

우리의 영혼으로 주님을 찬양하는 일에 분주하게 하시며
주님 사랑에 즐겁게 하옵소서.
자신을 사랑하기보다 주님을 더 사랑하게 하옵시며

자신을 사랑하는 것같이
다만 주님을 위해서만 사랑하게 하옵소서.
주님을 참으로 사랑하는 모든 사람을
명령하신 율법대로 사랑하게 하옵소서.

사랑은 신속하며 사랑은 순결하고 사랑은 즐겁고
또 사랑은 기쁘옵니다.
사랑은 강하고 사랑은 견디며 사랑은 믿음직하고
사랑은 주의 깊고 또 오래 참고 동감하여
언제나 자기 유익만을 구하지 아니 하옵니다.

사람이 자기 유익만을 찾을 때 사랑을 단념하고 마는 것입니다.
사랑은 살피고 사랑은 겸손하며 사랑은 또한 정직합니다.
사랑은 잘 변하지 아니하며 사랑은 감상적이지 않고
헛된 영화를 구하는 것이 아니옵니다.
사랑은 근실하며 사랑은 순결하고
사랑은 굳세고 사랑은 조용하며 감각을 항상 조심합니다.

사랑은 윗사람에게 복종하고 순종하며
비록 보기에 천하고 멸시받는 일 같으나
하나님께 경건하고 감시하며

하나님을 느낄 수 없는 때에라도
의지하며 기다리는 것이 사랑이옵니다.
이는 괴로움 없이 사랑할 수 없기 때문이옵니다.

참된 준비를 가지지 못한 사람과
사랑하는 자의 뜻으로 굳세게 서 있지 못하는 사람은
사랑하는 사람이라고 말할 수 없나이다.
사랑하는 사람은 그의 사랑하는 이를 위하여
모든 고난과 환란을 즐거이 받지 않을 수 없으며
역경 때문에 그의 사랑하는 분을 슬프게 할 수는 없습니다.

하나님만이 그러기에 참으로 사랑할 우리 사랑이 되옵니다.
그리스도 이름으로 기도드립니다. 아멘.

―토마스 아 켐피스

🌸 예 화

어느 날, 영국 엘리자베스 여왕이 남편과 사소한 일로 다퉜습니다. 그러자 남편은 방안에 들어가 문을 잠갔습니다. 하루 일과를 마친 여왕이 저녁에 방에 들어가려는데 문이 잠겨 있어서 들어갈 수 없었습니다. 그때 여왕이 명령했습니다.

"나, 대영제국 여왕 엘리자베스는 그대에게 문을 열 것을 명령하노라."

그러나 안에서는 아무 반응이 없었습니다. 잠시 후, 여왕은 생각을 바꿔 낮은 목소리로 말했습니다.

"여보, 당신의 사랑하는 아내 엘리자베스입니다. 밖이 추운데 문 좀 열어주세요."

그때서야 문이 열렸습니다. 아무리 대영제국 여왕이지만 '사랑의 문'을 통과해야만 사랑의 열매를 딸 수 있습니다.

♣ **여왕이라도 통과해야 할 사랑의 문**

 생 각

사랑은 쉽지 않습니다. 사랑의 문은 '좁은 문'입니다. 사랑의 문은 좁기 때문에 좁은 문을 통과한 사랑은 더욱 빛나게 됩니다. 역사학자 아놀드 토인비는 사랑에는 두 가지 욕망의 뜻이 있다고 말했습니다. 첫째는 주고 싶다는 욕망이고, 둘째는 빼앗고 싶다는 욕망이라고 했습니다. 또 사랑에는 조건 없는 헌신적인 사랑이 있는가 하면 조건적인 사랑이 있습니다. 희생적인 사랑이 있는가 하면 이기적인 사랑이 있습니다.

우리가 베풀어야 할 사랑은 주는 사랑이고, 조건 없는 사랑이고, 헌신적인 사랑입니다. 인간의 사랑은 대부분이 품앗이 사랑이고, 이기적인 사랑입니다. 그러나 하나님은 우리를 조건 없이 사랑하셨습니다. 희생적으로 사랑하셨습니다. 하나님은 하나밖에 없는 예수 그리스도를 죄로 인하여 죽었어야 할 우리를 대신해서 죽게 하셨습니다. 그것은 우리를 조건 없이 사랑하신 희생적인 사랑입니다.

> 나는 오늘 해야 할 일이 많기 때문에
> 기도하는 시간을 갖기 위해서 한 시간 더 일찍 일어난다.
> —마르틴 루터

묵상

1. 당신은 하나님을 얼마나 사랑하나요?
2. 이웃을 내 몸처럼 사랑하라는 예수님의 말씀을 어떻게 실천하나요?
3. 사랑은 받기보다 줄 때 더 큰 힘을 발휘합니다. 나누십시오.

기도

나를 사랑 받기 위해 태어나게 하신 하나님께 감사드립니다. 이제는 마음을 다해 하나님을 사랑하고 이웃을 진심으로 사랑하고 섬기게 하소서.

사랑하는 자들아 우리가 서로 사랑하자 사랑은 하나님께 속한 것이니 사랑하는 자마다 하나님께로 나서 하나님을 알고 *요일 4:7

제 15 일 섬김을 구하는 기도

**나로 하여금 만나는 모든 사람마다
그들에게 기쁨과 행복을 주게 하옵소서.**

오! 하나님,
내가 만나는 사람에게 덕을 베풀게 하소서.
슬픔 가운데 있는 자들을 만날 때는
동정적인 말로 위로하고 그들의 손을 붙잡고
용기를 주는 것밖에 할 수 없을지라도
그것이 커다란 힘이 되게 하소서.

시험당하고 있는 자들을 만날 때는
시험을 극복한 사례나 부드러운 말로 권면함으로
그들이 시험과 싸워 이길 수 있게 하소서.

과중한 업무로 시달리고 있는 자들을 만날 때는
나로서는 많은 수고와 희생을 지불해야 하지만
그들을 기꺼이 도와주게 하소서.

자신의 삶에 불만스럽고 불평적인 사람들에게는
모든 것이 저들이 생각하는 것처럼
부정적이지만은 않다는 것을 깨닫도록 돕게 하소서.
마지막으로 행복한 사람들을 만날 때는
그들과 함께 기뻐하고 결코 시기하지 않게 하소서.

나로 하여금 만나는 모든 사람마다
그들의 마음과 생각을 공감하게 하시고
그들에게 기쁨과 행복을 주게 하옵소서.
주 예수 그리스도의 이름으로 기도드립니다. 아멘.

-윌리암 바클레어

🌷 예 화

　제럴드 무어라는 유명한 피아노 반주자가 있었습니다. 그는 일평생 한 번도 독주 무대를 갖지 않고 유명한 성악가들의 반주만 했습니다. 수십 번이 될지 수백 번이 될지 모르지만 그는 많은 청중들에게 자기 반주가 유명한 성악가들의 노래에 누를 끼치지는 않는지 항상 염려했습니다.

　그리고 한때 자신의 피아노 소리로 성악가들의 목소리를 눌러 버렸던 적이 있음을 미안하게 생각했습니다. 이 위대한 반주자를 위해 특별히 마련된 연주회가 있었습니다. 이 연주회에서도 그는 여전히 유명한 성악가들의 노래를 돕는 반주자임을 잊지 않았습니다.

또 한사람 섬김으로 살았던 인물은 테레사 수녀입니다. 테레사 수녀를 가까이 하는 사람마다 그분의 순결한 인격에 감동을 받습니다. 특히 시기심이나 질투 없이 살아가는 모습이 주변의 사람들에게 커다란 도전을 주었습니다. 하루는 함께 일을 하던 사람이 한 어린이의 고름을 짜고 있는 테레사 수녀에게 물었습니다.

"수녀님, 당신은 높은 자리에서 편안히 사는 사람들을 볼 때 부러운 마음이 들지 않습니까? 이런 삶에 만족하십니까?"

질문을 받은 테레사 수녀는 이런 유명한 대답을 했습니다.

"허리를 굽히고 섬기는 사람에게는 위를 쳐다볼 수 있는 시간이 없답니다."   ✜스스로 낮아지는 삶

❦ 생 각

스코틀랜드 가정의 표어 가운데는 "봉사하기 위하여 구원받았다"(Saved to serve)란 말이 있습니다. 섬김을 모르는 삶은 구원의 감격이 없는 삶입니다. 우리가 구원받은 것은 섬기기 위해서입니다. 우리가 새사람이 되고, 고침 받고 절망에서 일어난 것은 섬기기 위해서입니다. 섬기는 것이 우리에게 가장 중요한 하나님의 사명입니다.

"인생은 테니스 경기와 같습니다. 서브(섬김)를 잘하지 않고는

이길 수 없습니다. 서브는 경기의 승패를 결정적으로 좌우하는 테크닉입니다. 서브 하나로 많은 점수를 거둬들이는 경우도 많습니다. 인생도 마찬가지로 서브(섬김)를 잘해야 합니다. 잘 섬기는 사람이 잘 사는 사람입니다. 잘 섬기는 사람이 이기는 사람입니다. 인생의 성패는 얼마나 섬김을 잘 했느냐에 달려 있습니다.

> 무릎을 꿇은 그리스도인은
> 발돋움을 한 천문학자보다 더 멀리 본다.
> -토플레디

묵상

1. 당신은 섬기는 사람인가요? 섬김을 받는 사람인가요?
2. 당신은 섬김의 기쁨을 느끼기 위해 어떻게 해야 할까요?
3. 섬김은 사명입니다. 지금 섬길 자를 찾아보세요.

기도

섬김의 종으로 오신 예수 그리스도를 닮아가고자 합니다. 섬김을 사명으로 알게 하시고 그리스도의 구원의 은혜를 섬김으로 갚게 하소서.

너희 중에 큰 자는 너희를 섬기는 자가 되어야 하리라
누구든지 자기를 높이는 자는 낮아지고
누구든지 자기를 낮추는 자는 높아지리라 *마 23:11-12

제16일 감사를 구하는 기도

**주님께 감사하는 그 수많은 일에
주님께 감사하며 살게 하소서.**

감사합니다. 하나님!
그리도 침울히 동틀
우울한 날을 밝히어
돌연히 일어나는
조그만 일들을 인하여

감사합니다. 하나님!
실망 큰 날에 그 실망을 지워
우리의 길에 행복한 빛을
던져 주셨으니

감사합니다. 하나님!
우리 마음속 먹구름 흩어 날리시고
다만 가슴 깊은 기쁨과
빛만 남게 하심을 인하여

오 하나님!
당신께 드릴 감사는 무궁한데
그 모두가 당연한 일이라 여기고
생각하거나 행하오니
용서하소서.
용서하소서.

움직이는 것
리듬 따라 뛰노는 맥박
숨 쉬는 삶의 순간순간이
당신께서 주신 일들임을
마냥 모르는 체 했습니다.

하나님 용서하소서!
우리의 옹졸함을
조금이라도 감사치 못한
우리의 얕은 마음을
용서하소서.

그래서
주님께 감사하는 그 수많은 일에

주님께 감사하며 살게 하소서.
복의 근원되신 예수 이름으로 기도드립니다. 아멘.

― 헬렌 라이스

🌺 예화

옛날 독일에서 있었던 이야기입니다. 어느 해인가 극심한 흉년이 들었습니다. 그래서 많은 사람들이 굶주리게 되었습니다. 그때 어떤 돈 많은 노인 부부가 날마다 빵을 만들어서 동네 어린 아이들에게 나누어 주었습니다. 그리고 아이들에게 매번 빵을 한 개씩만 가지고 가도록 했습니다. 그러다 보니 아이들은 서로 조금이라도 더 커 보이는 빵을 차지하겠다고 다투곤 했습니다.

그러나 그 가운데서 한 여자 아이만큼은 예외였습니다. 언제나 맨 끝에 섰습니다. 자연히 그 아이에게 돌아가는 빵은 항상 제일 작은 것이었습니다.

아이들은 저마다 더 큰 빵을 차지하는 것에 정신이 팔려서 자기에게 빵을 나누어 준 노인 부부에게 고맙다는 말조차도 제대로 할 겨를이 없었습니다. 그러나 그 여자 아이는 제일 작은 빵을 차지하면서도 언제나 잊지 않고 깍듯하게 그 노인 부부에게 감사의 말을 잊지 않았습니다.

그러던 어느 날이었습니다. 그 날도 그 여자 아이는 맨 끝에 섰습니다. 그날따라 그 여자 아이에게 돌아온 빵은 유난히 더 작아

보였습니다. 그럼에도 불구하고 그 여자 아이는 여느 때와 마찬가지로 노인 부부에게 빵을 주셔서 감사하다는 마음에서 우러나오는 말을 하고서 집으로 돌아갔습니다. 여자 아이는 집에 와서 빵을 먹으려고 하다가 그만 깜짝 놀랐습니다. 빵 속에 금화 한 닢이 들어 있었기 때문입니다. 그 옆의 메모지에는 이렇게 적혀 있었습니다.

"이것은 너처럼 작은 것일지라도 잊지 않고 감사하는 사람을 위해서 우리가 마련한 선물이란다." ✚ **감사는 축복을 부른다**

❦ 생 각

하나님의 마음도 이들 노인 부부의 마음과 마찬가지입니다. 우리가 하나님의 은혜를 잊지 않고 감사를 드릴 때 하나님께서는 우리에게 더 큰 은혜, 더 큰 축복을 베풀어 주십니다. 감사는 낭비가 아닙니다. 결코 손해 보는 것이 아닙니다. 감사는 언제나 축복의 전주곡이 됩니다. 감사는 더 큰 감사를 낳기 때문입니다.

영어의 'think', '생각하다'라는 단어는 'thank', '감사하다'라는 말과 어근이 같습니다. 그리고 'grace', '은혜'라는 단어는 'gratitude', '감사'라는 말과 어원이 같습니다. 진정한 감사는 고통 후에 있고, 은혜 안에 있습니다.

하나님의 사랑과 은혜가 있을 때, 모든 고통과 불가능의 벽을 넘고 감사할 수 있습니다. 자신이 받은 은혜를 확인할 때 감사가 시작되고, 받은 은혜를 고백할 때 감사는 흘러넘치게 됩니다. 은혜를 마음속에 갖고 있으면 감사가 일어나지 않습니다. 은혜를 확인하고 고백할 때 참 감사가 되는 것입니다. 그리고 받은 은혜를 주위에 나눠줄 때 감사는 완성되는 것입니다.

> 진정한 기도는 그의 입술의 말에
> 그 사람의 마음 자세에 있다.
> —티틀

묵상

1. 당신은 범사에 감사하며, 감사로 제사 드리는 삶을 살고 있나요?
2. 당신은 작은 일에 대해 얼마나 어떻게 감사를 표현하나요?
3. 감사는 표현하고 나눌 때 향기를 나타냅니다.

기도

감사로 제사 드리는 자가 하나님을 영화롭게 하신다고 하셨사오니 내 입술에서, 내 삶에서 감사의 샘물이 넘쳐나게 하시고, 주님께 감사로 기쁨을 드리게 하소서.

주는 나의 하나님이시라 내가 주께 감사하리이다
주는 나의 하나님이시라 내가 주를 높이리이다 *시 118:28

제17일 충성을 구하는 기도

하나님께 나의 몸과 마음과 영혼을 바침으로
하나님께서 원하시는 도구로 사용되게 하옵소서.

오! 하나님,
나로 하여금 오늘 하루 동안 자신의 의무에 대해
강한 사명 의식을 느끼게 하심으로,
모든 일에 충성을 다하게 하시고,
내려야 할 중대한 결단을 미루지 않게 하시며,
책임을 피하지 않게 하옵소서.

나로 하여금 자신의 의무를 다함으로
자신에 대한 자긍심을 잃지 않게 하시고
남을 유익케 하는 자가 되게 하옵소서.
하나님께 나의 몸과 마음과 영혼을 바침으로
내가 하나님께서 원하시는 도구로 사용되게 하옵소서.

뿐만 아니라 모든 일에 기쁨을 주심으로,
나의 의무가 지겹고 따분한 것이 되지 않게 하시고,

따라서 내가 무엇을 하든지
마치 하나님께 하듯 하게 하옵소서.
이 모든 것을 주 예수 그리스도의 이름으로 기도합니다. 아멘.

― 윌리암 바클레이

🌹 예화

 1898년, 파리에서 리쯔(Ritz)호텔이 개관되었습니다. 당시의 사장이었던 시저 리쯔는 개관식 전 주문한 침대 매트리스를 매일 한 장씩 깔고 자곤 했다고 합니다. 만일 그 다음날 일어나 어딘가 몸이 찌뿌듯하면 그 매트리스는 하자 있는 것으로 보고 즉각 돌려보냈습니다. 그리하여 신뢰받는 호텔이 되었습니다.

 함경도 어촌에 한 소년이 살고 있었습니다. 어느 날, 할아버지가 운영하던 40척의 고기잡이배가 한 척도 돌아오지 않았습니다. 폭풍에 모두 침몰된 것입니다. 소년의 가족은 그 많던 재산을 피해자들에게 나눠주고 빈손으로 동네를 떠났습니다.
 부유한 가정에서 자란 소년은 하루아침에 캐나다인 선교사 가정의 머슴이 됐습니다. 소년은 온갖 궂은일을 감당했습니다. 추운 겨울에 맨손으로 빨래까지 했습니다. 선교사는 종종 소년이 알 만한 곳에 돈을 놓아두었습니다. 소년의 정직성을 시험하려는 의도였습니다.

그러나 소년은 한번도 그 돈에 손을 대지 않았습니다. 소년은 주인의 시험에 합격했습니다. 선교사는 소년을 서울에 데려가 교육시켰고 일본과 미국으로 유학도 보냈습니다. 이 소년이 바로 남대문교회 목사를 지내고 천안대의 전신인 대한신학교 창설자인 김치선 박사입니다.

✚ 작은 일에 충성하라

생 각

충성과 정직이 만나면 몇 배의 힘으로 나타납니다. 충성이라는 말의 한자를 풀이하면 이렇습니다. 충(忠)은 가운데 중(中), 마음 심(心)이 합하여 이루어진 것으로서 변하지 않는 것을 의미합니다. 성(誠)은 말씀 언(言)과 이룰 성(成)이 합하여 이루어진 것으로 말대로 사는 사람 즉, 신실한 사람이란 뜻입니다. 신약의 원어인 헬라어로는 '피스타스'입니다. '신실하다', '맡길 만하다', '믿을 수 있다'는 뜻입니다.

충성은 스스로 하는 것입니다. 시켜서 하는 일, 시키는 것만 하는 사람으로는 충성한다고 할 수 없습니다. 스스로 한다는 것은 책임지고 주인이 되는 태도입니다. 억지로 일하는 노예 같은 마음으로는 결코 충성될 수 없습니다. 충성은 열정이 있어야 합니다. 열정이란 일에 대한 의욕과 에너지를 말합니다.

우리가 만일 기도의 기교를 알고 행한다면
생의 기교를 알고 행할 것이다.

-스텐리 존스

묵상

1. 당신은 충성된 사람입니까? 요령 피우는 사람입니까?
2. 당신은 주인되신 주님께 충성된 종이 되기 위해 어떻게 해야 할까요?
3. 충성은 스스로 하는 신실한 신앙고백입니다.

기도

하나님을 내 인생의 주인으로 모셔드리오니 나를 받아주소서. 그리고 순수한 열정과 성실한 마음을 주셔서 하나님만을 바라고 살게 하소서.

착하고 충성된 종아 네가 작은 일에 충성하였으니
내가 많은 것으로 네게 맡기리니 네 주인의 즐거움에 참예할지어다 *마 25:21

🔴 Tip 충성된 사람의 9가지 모습

1. 삶의 목표가 성경에서 하나님이 주신 목적과 일치하는 사람
   (He has adopted as his objective in life the same objective God sets forth in the Scriptures.)

2. 삶에서 하나님의 뜻을 이루기 위해 기꺼이 대가를 지불하고자 하는 사람
   (He is willing to pay any price to have the will of God fulfilled in his life.)

3. 하나님의 말씀을 사랑하는 사람 (He has a love for the Word of God.)

4. 항상 다른 사람들을 섬기는 사람 (He has a servant heart.)

5. 육체를 의지하지 않는 사람 (He puts no confidence in the flesh.)

6. 협력하는 동역자를 가지는 사람 (Team Worker.)

7. 사람들을 사랑하는 사람 (He has a love ofr people.)

8. 자신의 부족함을 훈련하여 흠이 없는 사람
   (He does not allow himself to become trapped in bitterness.)

9. 자신을 훈련하는 사람 (He has learned to discipline his life.)

제18일 긍휼을 구하는 기도

병든 자와 상한 자와
또한 적에게 잡힌 자들을 긍휼히 여기소서.

오 만군의 주 하나님이시여,
육지와 바다로 싸우러 나간 이들을 돌보시사
그들을 위험한 자리에서 보호하여 주시고,
모든 고난에 견디게 하여 주시며
온건한 승리를 거둘 수 있게 하여 주시옵소서.

병든 자와 상한 자와
또한 적에게 잡힌 자들을 긍휼히 여기시고,
그들이 받는 시험으로 인하여 자기들의 심령을
하나님께 바치는 기회로 삼게 하여 주시옵소서.

주님께서는 당신의 사랑하시는 아드님으로 인하여
죽을 자를 용서하시고 용납하셨으며,
과부와 고아들에게 자비를 베푸시고
슬퍼하는 모든 자를 위로하셨나이다.

오 자비로우신 하나님 아버지,
주님은 세상의 모든 전쟁을 그치게 하시고,
당신의 백성인 우리를 소생시키며
평화의 복을 주시사
우리가 현재 당하는 모든 괴로움은
당신의 영광으로 물리칠 것이오며
구세주의 왕국이 임하여서
모든 나라는 당신의 믿음과 경외하심과 사랑으로
하나가 될 것을 믿사옵나이다.

주여 이 불쌍한 것의 기도를 들어 주소서.
응답해 주소서.
예수 그리스도의 이름으로 비옵나이다. 아멘.

-하오킨스

🌺 예화

건축 기사 피어홈은 젊은 날 세계 도처에 많은 다리와 터널들을 건설하여 큰 명성을 얻었습니다. 그러나 질병과 실패로 인해 부인과 어린 딸을 데리고 낙향하게 되었습니다.

그런데 그 이웃에 한 몰인정한 노인이 살고 있었습니다. 노인은 너무 사나운 개를 기르고 있었습니다. 피어홈은 위험하다고 노인에게 경고를 했지만 오히려 번번이 모욕만 당하고 말았습니다. 그러던 중 불행은 갑자기 닥쳐왔습니다. 그 개가 피어홈의 어린 딸을 물어 죽이고 만 것입니다.

사람들은 일제히 개 주인을 비난하고 파종기가 되었어도 그 노인에게 한 톨의 곡식 종자를 주거나 팔지 않았습니다. 노인이 거리에 나가면 사람들은 그를 냉소했습니다. 그러던 중 피어홈은 씨를 달라고 애걸하는 노인을 보게 되었습니다. 그는 그날 아침 일찍 일어나 창고에 가서 자신이 쓸 씨앗을 반으로 나눴습니다. 피어홈은 열심히 노인의 밭에 씨를 뿌려 주었습니다.

얼마 후 이웃 노인의 밭은 파릇파릇하게 잎이 올라왔습니다. 그런데 피어홈의 밭은 그 일부가 아직도 빈 땅으로 남아 있었습니다. 긍휼은 우리들이 원수의 밭에 좋은 씨를 뿌리도록 요구합니다. 그로 말미암아 비록 우리 자신의 밭 일부가 맨 땅으로 남겨진다고 하더라도 긍휼은 그것을 행하도록 동기를 부여합니다.

♣ **긍휼의 씨앗**

🌱 생각

긍휼이란 '불쌍히 여기는 것'이지만 그 이상의 의미를 지닙니다. 영어로는 'Compassion'입니다. 즉 '함께 고통하다'라는 의미입니다. 다른 사람들의 고통의 현장에 함께 있는 것이 긍휼입니다. 그리고 기꺼이 연약한 자들과 교제하는 것입니다.

긍휼함은 여러 모양으로 나타납니다. 용서, 도와줌, 허용, 배려, 베품. 마음의 집에 이런 열매들이 있어야 합니다. 마음의 집에 이런 열매들이 얼마나 쌓여 있는지 살펴보십시오. 그리고 마음의 집을 열어 한 알 두 알 꺼내어 이웃에게 나눌 때 기쁨이 옵니다. 나눌수록 더 쌓이는 신비한 곳이 마음이기 때문입니다.

> 나는 오늘 해야 할 일이 많기 때문에
> 기도하는 시간을 갖기 위해서 한 시간 더 일찍 일어난다.
> - 마르틴 루터

묵상

1. 당신은 긍휼한 삶을 살아 왔나요?
2. 마음의 집에 용서와 배려의 열매가 담겨져 있는지 살펴보았나요?
3. 마음의 집을 열어 농부의 마음으로 긍휼의 씨앗을 뿌리시기 바랍니다.

기도

주님! 제 속에 긍휼이 있는지 살펴보시고 깨닫게 하소서. 그리고 제 마음의 집을 하나님의 큰 손과 긍휼로 채워주소서.

긍휼히 여기는 자는 복이 있나니
저희가 긍휼히 여김을 받을 것임이요 *마 5:7

제19일 은혜를 구하는 기도

저를 쳐다봐 주십시오.
나의 주 예수님, 저를 쳐다보아 주십시오.

나의 주 예수님,
제가 주님께 행한 것을 깨달을 수 있게 하여 주소서.
아, 그 슬픈 눈빛으로 저를 쳐다보아 주십시오.
아, 그때 베드로를 바라보셨던 것처럼 저를 쳐다보아 주십시오.

저를 쳐다보아 주십시오.
나의 주 예수님, 저를 쳐다보아 주십시오.

주의 그 슬픈 눈빛이 제게 통회의 눈물을 주시고
당신을 위하여 고난도 기꺼이 받을 수 있도록
저를 그 눈빛으로 쳐다보아 주십시오.

나의 주 예수님, 저를 쳐다보아 주십시오.
그때 베드로처럼 저 역시 애통해하며
참회의 눈물을 흘릴 수 있도록

그리고 주를 사랑하며 핍박의 때에

주를 슬프게 해드리지 않도록 기도드립니다.

아, 저를 그 슬픈 눈빛으로 쳐다보아 주십시오.

─바실리아 슐링크

🌷 예화

　엘리자베스 1세 여왕을 암살하려고, 한 여자 자객이 궁궐에 침입했습니다. 경비병처럼 남장을 하고 궁에 들어 갔다가 살인에 실패하고 체포되었습니다. 그래서 재판을 받게 되었습니다. 여왕이 친히 나와 재판을 합니다. 심문을 받는 그 여성 자객은 담담하게 말을 했습니다.

　"내가 잘못된 사람에게 고용되어서 이런 엄청난 죄를 지었지만 저에게 은총을 베풀어 주시기를 바랍니다."

　여왕이 그에게 말했습니다.

　"그래, 내가 너를 살려준다면 그 대가로 무엇을 하겠느냐?"

　생명이 경각에 달려 있는 그 순간에 죄인은 담대히 말했습니다.

　"조건이 있는 것은 은총이 아닙니다."

　그 말을 들은 여왕은 깊은 생각에 잠겼습니다. 그리고는 그를 곧 석방했습니다. 무조건 석방했습니다. 이 사실을 두고 영국 역사는 이렇게 기록하고 있습니다.

"여왕에게 그녀만큼 신실하고 헌신적인 여종은 없었다."

석방된 이 죄인은 여왕의 종으로 일평생을 살았는데 오직 여왕만을 목숨 다해 섬기며 성실하게 살았습니다. 이것이 은혜이며, 은혜를 입은 사람이 취할 태도입니다. **♣조건 없는 은총**

생각

만물은 하나님 안에서 존재합니다. 그러므로 피조물은 하나님과의 관계에서 절대적인 의존 관계일 수밖에 없습니다. 피조물은 하나님의 능력으로 창조되었기 때문에 하나님이 매순간 그 동일한 능력으로 붙들어 주시지 않으면 안 되는 것입니다.

사람도 마찬가지입니다. 사람은 '은혜'라는 하나님의 돌봄이 있어야만 살아갈 수 있는 존재입니다.

만물의 본질에서 볼 때 하나님께 대한 전적인 의존은 사람 편에서는 '겸손'이라는 것으로 반응해야 합니다. 겸손은 은혜가 뿌리를 내리는 유일한 토양입니다. 겸손함으로만 하나님 앞에서 바른 자세를 가질 수 있고, 하나님을 전능하신 하나님으로 인정할 수 있습니다. 그래서 은혜란 그분을 바르게 아는 것에서 출발합니다.

이 세상의 운명은 우리들의 기도에 따라서 작정될 것이다.
—라우박흐

묵상

1. 당신은 하나님의 은혜를 깊이 체험한 적이 있나요?
2. 당신은 하나님에게 받은 은총을 이웃에게 쏟은 적이 있나요?
3. 하나님 앞에서 겸손한 태도가 은혜를 빛나게 합니다.

기도

주님! 저에게 은혜 없는 삶은 뿌리 없는 나무와 같습니다. 하루하루 순간순간이 은혜의 발걸음이 되게 하시고 전적으로 주님 손에 의해 움직이게 하소서.

우리가 소망으로 구원을 얻었으매

보이는 소망이 소망이 아니니 보는 것을 누가 바라리요 *롬 8:24

제20일 인내를 구하는 기도

기다리는 법을 가르쳐 주십시오.
우리를 인내로운 자 되게 해 주십시오.

주님,
우리 안에 사랑의 마음을 부추기시어
어떠한 일에도 굴하지 않는
강한 인내를 가르쳐 주십시오.

우리를 인내롭게 하시어,
모든 시련과 고뇌를 극복하는
굳센 마음을 길러 주십시오.

우리를 인내롭게 하시어
초조한 마음을 누르고 안에서 소용돌이치는
생각을 가라앉히는 법을 가르쳐 주십시오.

우리를 인내로운 자 되게 하시어,
예의에 벗어나는 말이나

가혹한 대답이 입 밖으로 나오려 할 때
입을 다물고 침묵하는 법을 가르쳐 주십시오.

우리를 인내로운 자 되게 하시어,
필요할 때에는 즐겨 양보하고
기다리는 법을 가르쳐 주십시오.
우리를 인내로운 자 되게 해 주십시오.

주님,
우리로 주님의 자비로우신 섭리에 마음을 의지하고
모든 것을 이끄시는 주님의 자비에 몸을 맡기며
차분한 마음으로 살게 해 주십시오.

우리를 인내로운 자 되게 해 주십시오.
어떠한 어려움 앞에서도
주님의 자비를 힘입어 극복할 수 있다는 확신을 가지고
평화스런 마음으로 모든 것을 보게 해 주십시오.

우리를 인내로운 자 되게 하시어,
이웃의 결점을 억지로 고치려 하지 말고
오히려 참고 견디는 법을 가르쳐 주십시오.

우리를 인내로운 자 되게 하시어
이웃과 사귀는 것이 어려울 때에도
평화와 미소를 잃지 않게 해 주십시오.

갈보리산 위에서 십자가의 고통을 겪으신
주님의 인내와 하나되어 세계의 구원을 위해
인내롭게 스스로를 바치는 법을 가르쳐 주십시오.

-J. 갈로

예화

영국의 위대한 정치가인 윈스턴 처칠은 국립묘지에 묻히지 않고 옛날 자신이 다니던 작은 교회 옆에 있는 묘지에 묻혔습니다. 1943년 전시 내각을 수립하고 독일 비행기가 하루에 1천여 대씩 런던을 폭격할 때, 그는 하루에 18시간씩 근무를 하면서 전쟁을 승리로 이끌었습니다.

그는 전쟁 중에 BBC 방송을 통해 전영국군에게 호소했습니다.

"우리가 전쟁에서 이기려면 우리가 가지고 있는 땀과 피와 눈물 밖에 바칠 것이 없습니다."

그 방송을 들은 영국군은 3일밖에 먹을 수 없었던 양식을 가지고 보름이나 견디면서 싸워 마침내 전쟁을 승리로 이끌었던 것입니다.

처칠은 고등학교 시절에는 영문학에 낙제를 했던 사람이었습니다. 하지만 그는 제2차 세계대전 회고록을 쓰고 나서 노벨 문학상까지 수상했습니다. 그가 은퇴한 후에 한번은 그의 모교에서 연설을 하게 되었습니다. 처칠은 지팡이를 짚고서 단 위로 올라갔습니다. 교장 선생님이 학생들에게 말했습니다.

"여러분의 대선배이신 처칠 경이 말씀하실 때 한 마디도 빼놓지 말고 모조리 받아 쓰십시오."

처칠 지팡이를 짚고 강단에 서서 두꺼운 안경 너머로 학생들을 한참 동안 응시하면서 말했습니다.

"결코 포기하지 마시오! 결코! 결코!"

그렇게 한마디만을 말하고 처칠은 뚜벅뚜벅 강단을 걸어 내려갔습니다. ♣ **처칠의 짧은 연설이 준 교훈**

♥ 생 각

프랑스인의 깊은 사상적 기저(基底)인 '똘레랑스'(tolerance)는 '견디다, 참다'를 뜻하는 라틴어 'tolerare'에서 나온 말입니다. 그 뜻은 '관용', '아량', '인내'입니다. 우리에게 가장 부족한 품성의 하나가 아마도 똘레랑스가 아닌가 합니다.

똘레랑스는 서로 다른 의견을 절충해서 합일점을 찾는 타협이 아닙니다. 그보다 한 차원 높은, 서로 다른 상대방을 있는 그대로 받아들이는 것, 그리고 그것을 견디어 내는 것, 그것이 바로 위대한 똘레랑스입니다.

똘레랑스한다는 것은 견딘다는 것입니다. 우리에게 지워진 부담을 견디고, 내가 동의하지 않는 생각을 용인하는 것을 말합니다. 더 정확히 말하자면, 내가 동의하지 않는 상대방의 생각이나 의견을 바꿀 수도 있지만 그대로 용인하는 것을 말합니다.

기도는 하나님의 심정에 이르게 하는 것이다.
-테일러

묵상

1. 당신은 문제나 고난, 분노 앞에 인내는 하는 사람인가요?
2. 당신은 인내를 훈련하고 있나요?
3. 인내는 힘들지만 훈련해 놓으면 리더로서의 좋은 성품을 만들어 줍니다.

기도

사랑이 풍성하신 주님! 저에게 인내의 성품을 허락하시고 온유하고 너그러운 마음을 주시며, 관용하고 인자한 풍성한 성품을 창조해 주소서.

이러므로 우리에게 구름같이 둘러싼 허다한 증인들이 있으니
모든 무거운 것과 얽매이기 쉬운 죄를 벗어버리고
인내로써 우리 앞에 당한 경주를 경주하며 * 히 12:1

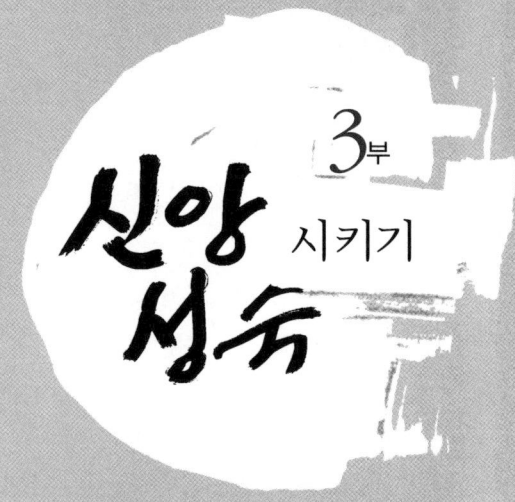

3부 신앙 성숙 시키기

주여, 나의 심령을 맡기오니
그 귀를 여셔서 주님의 음성을 듣게 하옵소서.

제21일 붙잡힘을 구하는 기도

당신의 굳건한 팔로 잡아 주소서.
그럴 때 우리 손이 강하오리다.

주여! 우리를 사로잡으소서.
그럴 때 우리는 자유케 되오리다.
우리의 검을 내어 주라고 강권하소서.
그러면 죄악의 정복자가 되오리다.

우리 스스로 서노라면
생명의 경적에 놀라 주저앉나이다.
당신의 굳건한 팔로 잡아 주소서.
그럴 때 우리 손이 강하오리다.

주님을 찾기까지
우리 마음은 약하고 비천하나이다.
견고한 행위의 원천도 없고
바람불 때 마음은 나부끼나이다.

주님, 그 사슬로 동이시기까지
자유로 움직일 수도 없나이다.
당신의 굳센 사랑으로 종을 삼으소서.
그러면 죽지 않고 다스리오리다.
섬기기를 다 배우기까지
우리 힘은 기진하고 약하나이다.

불타오를 불길조차 없이 시들어
북돋을 미풍을 원하나이다.
몰아침을 당하기까지
세상을 몰아칠 수도 없습니다.

주님! 주님이 천국의 숨길을 보내셔야
그 깃발이 펄럭일 수 있으오리다.

하나님이여!
우리를 당신 것으로 삼으시기까지
우리의 뜻은 우리의 것이 아니나이다.
그 왕국의 보좌에 이르기까지 우리의 관을 버리렵니다.

당신께 기대어서 주님안에 그 생명을 찾기까지

요란한 싸움터 한 가운데
다만 휘어지지 않고 서 있으오리다.

주여 우리를 사로잡아 주소서.
우리의 힘이 되신 예수 이름으로 기도드립니다. 아멘.

-조지 메드슨

예화

미국에서 인기 정상을 누렸던 가수 중 케이트 스미스라는 사람이 있습니다. 스미스가 '하나님이여, 미국을 축복하소서'라는 노래를 불렀을 때 사람들은 어느 누구도 그녀만큼 이 노래를 잘 소화할 수 없을 것이라며 입을 모아 칭찬을 했습니다.

어느 날, 그녀는 신문 기자들에게 이런 질문을 받았습니다.

"스미스양, 당신은 언제 봐도 자신감이 넘쳐흐르고 승리의 확신을 가지고 있는 것 같습니다. 당신의 생활 철학에 대해서 이야기 해줄 수 있습니까?"

스미스는 어린시절 이야기를 꺼냈고 자신이 신앙을 갖게 된 동기에 대해 말했습니다.

스미스는 어느 날 두 명의 친구와 함께 노를 젓는 보트를 타고 바다에 나가 놀고 있었습니다. 물놀이에 너무 열중하다보니 썰물이 밀려나가면서 보트가 육지에서 점점 멀어져 가는 것을 알지 못했습니다. 날은 어두워지고 아이들은 있는 힘을 다해 노를 저었지만 도저히 강한 썰물을 거슬러 올라갈 수 없어서 해변에서 점점 멀어져 갔습니다.

그들의 힘만으로는 도저히 아무 것도 할 수 없는 지경에 이르렀습니다. 이 때 스미스는 두세 사람이 모여서 기도하면 하나님이 응답해 주신다는 성경 말씀을 생각해냈습니다. 그래서 배에 탄 친구들과 함께 배 밑창에 머리를 대고서 자신들을 보호해 달라고 기도했습니다.

몇 시간 후 멀리서 불빛 하나가 점점 자신들 쪽으로 다가오는 것을 발견했습니다. 그들은 목이 터지도록 살려달라고 외쳤고 결국 그 배에 의해서 구조되어 무사히 육지로 돌아오게 되었습니다. 그 일이 있은 다음부터 스미스는 어려운 일이 생기거나 낙심되는 일이 생길 때마다 하나님께 구하는 것을 생활신조로 삼게 되었습니다.

⚓ 기도는 위기의 파도를 넘게 한다

⚓ 생 각

하나님의 손은 크십니다. 창조주의 손이기 때문입니다. 하나님은 전능하신 창조의 능력으로 우리를 돕는 손을 가지고 계십니다. 그런데 그 손을 움직이는 손은 우리의 작은 기도의 손입니다. 그래서 우리는 늘 깨어 기도해야하는 것입니다.

그리고 기도는 우리의 재난을 막아줍니다. 바다의 방파제처럼 유혹의 풍랑과 폭풍 같은 문제의 파도를 막아줍니다. 그리고 우리에게 오는 이 세상의 어떤 저주의 풍랑도 막아냅니다. 하나님이 우리를 붙잡고 계시기 때문입니다.

> 사람이 자기의 의견과 소원을 초월하여
> 자기의 마음을 향상시키고 자기의 주의를
> 하나님께 집중시키는 것이 기도의 제일 중요한 일이다.
> —티틀

묵상

1. 하나님에게 어떤 상황에서든 붙잡아 달라고 구하는 기도를 하나요?
2. 당신은 하나님의 붙잡힘을 경험했을 때를 기억하나요?
3. 하나님은 우리의 작은 기도 손에 의해 움직여 주십니다.

기도

하나님은 나의 보호자이십니다. 간구하오니 악에서 지켜주시고, 악한 사람에게서 피하게 하시며, 어두운 세상의 풍파에서 보호하시는 방패가 되어 주소서.

내가 너를 지명하여 불렀나니 너는 내 것이라 *사 43:1

제22일 주 음성을 듣기 위한 기도

주여, 나의 심령을 맡기오니
그 귀를 여셔서 주님의 음성을 듣게 하옵소서.

전능하신 하나님 아버지,
우리의 심령 속에 들어오셔서
당신의 사랑으로 채워 주시옵소서.

그리하여 모든 죄악 된 생각을 버리고 유일한 선의 근원이신
주님만 모시고 살게 하옵소서.
오 하나님, 나에게 자비를 베푸셔서
하나님이 나와 어떠한 관계가 있음을 알게 하옵시고,
'나는 너의 구원이니라'고 내 영혼에게 말씀하여 주시는
음성을 듣게 하여 주옵소서.

주여, 나의 심령을 맡기오니
그 귀를 여셔서 주님의 음성을 듣게 하옵시고
그 음성만 따라서 살게 하옵소서.

오 주여, 내가 주님을 찾사오니
주님의 얼굴을 숨기지 마옵시고
나의 영혼이 너무도 편벽되오니 이를 넓히시고
친히 들어와 계십소서.

나의 영혼의 집이 너무도 황폐하게 되어 있사오니
주님이 거하시기에 합당하도록 수리하여 주옵소서.

오 하나님, 우리의 주이시며 성부와 성령과 함께
이제와 영원까지 살아 계실 하나님의 독생자
예수 그리스도의 이름으로 기도하오니 들어주시옵소서. 아멘.

-성 어거스틴

🌸 예 화

오스트리아의 하이든은 〈천지창조〉와 같은 오라토리오〈종교적 악극〉를 발표한 위대한 작곡가입니다. 언젠가 그의 교회음악이 어쩌면 그렇게 감동적일 수 있는가 하는 질문을 받은 적이 있었습니다. 그때 그는 말했습니다.

"나는 하나님의 말씀을 깊이 묵상할 때면 풍성한 기쁨으로 인해 곡조들이 춤추듯이 떠오르며, 그러면 나는 펜을 움직여 용서받은 기쁨과 감사하는 영혼으로 주님을 찬양하고 경배하는 음악을 작곡합니다."

하이든은 말씀을 묵상함으로 아름다운 오라토리오를 발표할 수 있었던 것입니다. 성경 안에는 모든 보화와 축복이 들어 있습니다. 말씀을 가까이 하는 자는 언제나 승리를 거두며 축복의 주인공으로 살아갈 수 있습니다. 성경은 하나님의 음성입니다. 성경을 묵상하면 세미한 음성이 들려옵니다.

✞ 성경은 하나님의 음성

생각

이 세상을 살아가는 세 가지 방법은 타율, 자율, 신율입니다. 타율(他律)은 다른 사람의 영향을 받으면서 살아가는 삶입니다. 유행이나 시류에 영합하여 살아가면서 뭐 하나가 잘된다 하면 그 쪽으로 우르르 몰려다니는 이런 부류의 사람들의 심리상태를 말합니다.

또한 자율(自律)은 스스로의 신념이나 주장대로 누가 뭐라 하든 앞만 보고 한 길가는 뚝심 있는 삶입니다. 입지전적인 성공을 이룬 사람들이 모두 여기에 속합니다.

그리고 신율(神律)은 하나님의 때와 마음에 맞추어 사는 삶을 말합니다. 성령님의 세밀한 음성에 귀를 기울이며 즉시 "예"하고 대답하고 순종하는 사람들의 심리상태를 말합니다. 하나님의 음성을 듣는다면 실수와 실패가 나올 수 없습니다.

기도는 신자의 유일한 무기이다.

-톰슨

묵상

1. 당신은 하나님의 음성을 들어보셨나요?
2. 당신은 성경 속에서 하나님의 음성을 들어보셨나요?
3. 하나님은 살아계시기 때문에 말씀하십니다. 귀를 기울여 보십시오.

기도

날마다 순간마다 하나님의 음성을 듣게 하시고, 내 영혼의 귀가 막히지 않도록 하시며 하나님이 말씀하시면 즉시 "예"라고 대답하게 하소서.

주의 말씀은 내 발에 등이요 내 길에 빛이니이다 * 시 119:105

제23일 믿음을 구하는 기도

저희가 해야 할 일이 보이지 않습니다.
그러나 주님, 순종하겠습니다.

오 주여, 지금은 아무것도 보이지 않습니다.
주님, 메마르고 가난한 땅,
나무 한 그루 시원하게 자라 오르지 못하고 있는 땅에
저희들을 옮겨와 앉히셨습니다.

그 넓고 넓은 태평양을
어떻게 건너왔는지 그 사실이 기적입니다.

주께서 붙잡아 뚝 떨어뜨려 놓으신 듯한 이곳,
지금은 아무것도 보이지 않습니다.
보이는 것은 고집스럽게 얼룩진 어둠뿐입니다.
어둠과 가난과 인습에 묶여 있는 조선사람뿐입니다.

그들은 왜 묶여 있는지도,
고통이라는 것도 모르고 있습니다.

고통을 고통인줄 모르는 자에게 고통을 벗겨주겠다고 하면
의심부터 하고 화부터 냅니다.

조선 남자들의 속셈이 보이지 않습니다.
이 나라 조정의 내심도 보이지 않습니다.
가마를 타고 다니는 여자들을
영영 볼 기회가 없으면 어찌하나 합니다.
조선의 마음이 보이질 않습니다.
그리고 저희가 해야 할 일이 보이지 않습니다.
그러나 주님, 순종하겠습니다.
겸손하게 순종할 때 주께서 일을 시작하시고,
그 하시는 일을 우리들의 영적인 눈이
볼 수 있는 날이 있을 줄 믿나이다.

"믿음은 바라는 것들의 실상이요,
보지 못하는 것들의 증거이니"라고 하신 말씀을 따라
조선의 믿음의 앞날을 볼 수 있게 될 것을 믿습니다.

지금은 우리가 서양귀신, 양귀자(洋鬼子)라고
손가락질을 받고 있사오나
저희들이 우리 영혼과 하나인 것을 깨닫고

하늘나라의 한 백성, 한 자녀임을 알고
눈물로 기뻐할 날이 있음을 믿나이다.

학교도 없고 그저 경계와 의심과 멸시와 천대만이
가득한 곳이지만
이곳이 머지않아 은총의 땅이 되리라는 것을 믿습니다.
주여, 오직 제 믿음을 지켜주소서.

－언더우드

🌺 예 화

영국의 자선 사업가이며 목사인 조지 뮬러는 오직 믿음의 기도로써 6천여 명의 고아를 길러냈습니다. 어느 날 고아원에 양식이 떨어졌다. 식당 담당자가 뮬러에게 말했습니다.

"저녁 식사 시간인데 양식이 떨어졌습니다."

조지 뮬러의 대답은 엉뚱한 것이었다.

"염려할 것 없네. 식사 종을 치고 아이들을 식당에 모으게."

종을 치자 아이들이 우르르 식당에 모여들었습니다. 식탁 위에는 빈 그릇만 즐비하게 놓여 있었습니다. 뮬러는 아이들에게 말했습니다.

"여러분, 이제 머리 숙여 일용할 양식을 주실 하나님께 식사 기도를 드립시다."

아이들이 수군대기 시작하였습니다.

"빈 그릇을 놓고 무슨 기도야?"

이 소리를 들은 뮬러는 다시 말했습니다.

"염려하지 마세요. 하나님께서 곧 주실 것입니다."

아이들이 고개를 숙이자 조지 뮬러는 간절히 기도드렸습니다.

그 기도가 막 끝나자마자 문 두드리는 소리가 나더니, 어떤 낯선 신사가 인부들의 손에 큰 통 몇 개를 들려 들어섰습니다. 그는 말했습니다.

"뮬러 목사님, 오래 전부터 무엇인가 도와 드리려고 생각했는데, 오늘에야 이것을 가지고 왔습니다."

그 통들 속에는 빵, 야채, 고기 등의 음식이 가득 들어 있었다. 빈 접시를 놓고 기도를 드렸던 뮬러의 믿음은 실로 놀라웠습니다.

✤ 믿음의 기도를 들어주신 하나님

🌱 생 각

아름다운 소리를 내는 바이올린의 목재는 양지 바른 곳에서 자란 것이 아니라 해발 1만2000ft의 산악지대에서 1년 내내 북풍한설의 시달림을 견디어낸 나무라고 합니다. 가장 혹독한 시련을 견디어낸 나무로 만든 것이 가장 아름다운 소리를 냅니다.

믿음도 마찬가지입니다. 평안한 온실에서 성장하고 자라는 것이 아니라 고난과 풍파를 겪고 예수 그리스도를 신뢰하는 법을 배우면서 믿음이 성장하는 것입니다. 예수님의 영광은 수치와 고난의 십자가에서 죽은 후에 얻은 것입니다.

믿음이란 하나님의 사랑을 받아들이고 그가 보내신 예수님을 구주로 영접하는 것이란 뜻이다. 사실 믿음이란 말은 영어의 'faith'(믿음)의 첫 단어를 모아놓으면 그 의미를 가장 잘 나타냅니다. 믿음의 의미는 'Forsaking all, I take Him'(나는 모든 것을 버리고 그만을 취한다)는 말입니다.

기도는 기도한 것 이상을 행할 수 있다.
-왓슨

묵상

1. 당신은 믿음으로 살고 있나요 이성과 느낌으로만 살고 있나요?
2. 당신은 믿음으로 사는 법이 무엇인지 알고 있나요?
3. 믿음은 하나님의 선물이며 동시에 인간의 적극적인 반응입니다.

기도

주님! 믿음으로 사는 법을 가르쳐 주소서. 그리스도의 십자가 아래에서 내 일생을 내려놓사오니 다스려 주옵소서. 믿음으로 살기 원합니다.

네가 보거니와 믿음이 그의 행함과 함께 일하고
행함으로 믿음이 온전케 되었느니라 *약 2:22

제24일 동행을 구하는 기도

**차를 타고 어디를 가거나 책을 읽거나
기도할 때 주는 나와 함께 하시나이다.**

오 선하신 하나님,
나는 날마다 하나님을 찾을 수밖에 없나이다.

그런데 하나님께서 내가 찾을 때마다
나에게 나타나 주셨나이다.
가정에서나 들에서나 예배당에서나 또는 길거리,
어디서나 주님을 찾을 때마다 주님은 나타나 주셨나이다.

무엇을 할 때나 주는 나와 함께 하셨나이다.
먹을 때나 마실 때, 글을 쓰거나 일할 때,
차를 타고 어디를 가거나 책을 읽거나
또는 명상을 하거나 기도할 때 주는 나와 함께 하시나이다.

내가 무엇을 하거나 내가 어디 있거나
나는 주님의 자비와 사랑을 느끼나이다.

오 하나님, 이 고마운 친절함을
영원히 계속하여 베풀어 주시옵소서.

세상 사람이 다 주님의 무한하신 능력과 자비와 사랑을 깨닫고,
나의 원수들까지도 주님의 자비는 영원한 것임을
알게 되기까지 계속하여 주시옵소서. 아멘.

-J. 놀든

🌷 예 화

유명한 복음 전도자이며 목사였던 존 길모어는 어느 날 작은 마을을 지나다가 주방용품을 팔고 있는 어느 노인과 이야기를 나누게 되었습니다.

"안녕하세요? 할아버지, 요즘 장사는 잘 되시는지요?"

"예, 그럭저럭 잘 됩니다."

"할아버지는 예수님을 믿으십니까?"

"물론 믿지요. 예수님을 믿고 구원받는다는 것은 정말 위대한 일인 것 같습니다."

"그래요, 그렇지만 그보다 더 위대한 일이 있지요."

"그래요? 그게 뭔데요?"

"그건 나를 구원해 준 그분과 동행하는 것이지요."

✤ 인생에서 가장 위대한 일

💭 생각

그리스도인들의 삶은 단지 구원받고 죽어서 천국에 가는 것으로 그치지 않습니다. 예수님은 우리가 날마다 예수님과 동행하고 그 속에 거하면서 천국 생활을 미리 누리기를 원하십니다.

'거한다'라는 말은 거기에 산다는 뜻입니다. 사람의 마음은 일단 자리를 잡으면 날이 갈수록 주위 환경에 익숙해집니다. 그러므로 주님의 사랑 안에 거한다는 얘기는 그분의 사랑으로 집을 삼는다는 뜻입니다.

사람들은 대부분 '실패'라는 단어를 두려워합니다. 그것은 나 자신이 능력 없는 자라는 것을 인정하는 것과 같다고 여기기 때문입니다.

하지만 여기에 다른 진실이 숨어 있습니다. 우리 모두는 완전할 수 없는 존재이기 때문에 실패를 피할 수 없고, 언젠가는 실패로 인한 절망과 슬픔을 경험할 수 있는 존재라는 사실입니다. 그렇지만 실패라 여겨지는 순간에도 성공을 확신할 수 있는 방법이 하나 있습니다. 그것은 주님과 동행하는 것입니다. 주님과의 동행만이 우리를 완전케 합니다. 주님은 실수가 없으신 분이기 때문입니다.

> 잘 기도한 자는 잘 배운 자요
> 많이 기도한 자는 많이 운 자이다.
> -마르틴 루터

묵상

1. 당신은 주님과의 동행을 어떻게 하십니까?
2. 당신이 예수님 안에 사랑으로 거하기 위해 무엇을 해야 할까요?
3. 사랑 안에 거한다는 얘기는 그분의 사랑으로 집을 삼는다는 뜻입니다.

기도

나와 항상 동행하시는 하나님을 찬양합니다. 나의 심장보다도 더 가까이서 나를 도와주시고 내 숨결보다도 더 다정히 다가오시는 주님을 찬양합니다.

저 안에 거한다 하는 자는
그의 행하시는대로 자기도 행할찌니라 * 요한1서 2:6

제25일 성장을 구하는 기도

**고통과 싸움을 인간으로서 성장하고
당신을 닮은 자가 되어 가는 기회로 알게 하옵소서.**

주님!
주님의 십자가상의 죽음과 부활 속에서
매일 겪는 고통과 싸움을 견디어 내고
죽는 모범을 발견하게 하옵소서.

이로써 더욱 충실하며
적극적으로 생기를 띠고 살아갈 수 있도록
주님은 십자가의 수난의 고통뿐만 아니라
인간의 죽음까지도 견디어 내시며
자신을 낮추어 받아들이셨습니다.

매일 우리의 삶 속에서 일어나는
고통과 싸움을 인간으로서 성장하고
더더욱 당신을 닮은 자가 되어 가는 기회로 알고
받아들일 수 있게 하옵소서.

주님이 인도해 주시리라 믿고
인내롭게 또 용감하게
모든 일을 타개해 나갈 수 있도록
몇 번이고 자기 자신과 자기중심적인 바램에
죽음으로써만 더 충실히
살게 된다는 것을 깨닫게 하옵소서.

주님과 함께 죽어야만
주님과 함께 부활할 수 있으니까요.

예수님 이름으로 기도합니다. 아멘.

-마더 테레사

예화

롱펠로우는 하버드 대학에서 근대어를 가르치며 낭만적인 사랑의 시를 써서 대중적인 사랑을 받았습니다. 세월이 흘러 롱펠로우의 머리칼도 하얗게 세었지만 안색이나 피부는 젊은이처럼 싱그러웠습니다. 하루는 친구가 나이보다 젊어 보이는 롱펠로우에게 이렇게 물었습니다.

"이보게, 친구! 오랜만이군."

"오랜만일세."

"그런데 자네는 여전히 젊군그려. 자네가 이렇게 젊은 비결은 뭔가?"

이 말을 들은 롱펠로우는 정원에 있는 커다란 나무쪽으로 시선을 옮기며 말했습니다.

"저 나무를 보게나! 이제는 늙은 나무지. 그러나 저렇게 꽃이 피고 열매도 맺는다네. 그것이 가능한 건 그래 봬도 저 나무가 매일 조금이라도 계속 성장하고 있기 때문이야. 나도 그렇다네. 나이가 들었어도 매일매일 성장한다는 마음가짐으로 살아가고 있다네!"

❋ 매일매일 성장이 만든 사람

🌷 생 각

인생은 언제나 성장해야 합니다. 성장은 스스로 성장하겠다는 다짐에서 출발합니다. 닭은 날개가 있어도 날지 못하는 것은 날아다니지는 않으므로 날개의 기능이 무력화되었기 때문입니다. 날개가 있다고 모두 나는 것이 아니라, 날아야 할 필요성을 인식하고, 날고자 하는 의지를 가지고 있어야 합니다. 그리고 온 힘을 다해 나는 실습을 거듭할 때 날개는 비로소 그 기능을 나타내 멋지게 날아갈 수 있습니다.

반드시 날개가 있어야 날지만, 날고자 하는 의지와 노력이 없는데 날개가 스스로 움직이는 일은 없습니다. 날개는 날개 가진 생명체가 그 주인입니다. 날고자 하는 의지와 끊임없는 노력으로 결국은 멋지고 높이 날아갑니다. 성장도 마찬가지입니다. 성장해야 한다는 절대성이 중요합니다. 그리고 마치 근육을 만들듯이 반복적인 노력이 필요합니다.

> 늙어 갈수록 기도를 더 많이 하라.
> 그러해야 신령한 일에 냉랭해지지 않는다.
> —조지 뮬러

묵상

1. 당신은 성장에 대한 강한 의지가 있습니까?
2. 하늘을 날기 위해 영적인 날개를 어떻게 훈련해야 할까요?
3. 영적인 근육을 만들듯이 성장을 위해 시간을 드리십시오.

기도

하나님이 주신 영적인 날개로 날고 싶습니다. 저의 영적인 근육이 강해질 수 있도록 저를 훈련시켜 주시고 성장시켜 주옵소서.

내가 어렸을 때에는 말하는 것이 어린아이와 같고
깨닫는 것이 어린아이와 같고 생각하는 것이 어린아이와 같다가
장성한 사람이 되어서는 어린아이의 일을 버렸노라 *고전 13:11

제26일 성령을 구하는 기도

**주님께서 목마른 땅을 촉촉이 적셔주시듯,
갇힌 심령을 성령의 단비로 채우소서.**

사랑과 자비가 무한하신 주님이시여,
우리 모두가 구세주이신 주님이시여,

주님께서 목마른 땅을 촉촉이 적셔주시듯,
우리의 갇힌 심령을 성령의 단비로 채워 주시는
주님을 찬양합니다.
날마다 단잠을 주시고 새 힘을 공급해 주시는 주님을 찬양합니다.
주일을 예배함으로 한 주일의 일을 넉넉히 감당할 수 있는
힘을 주시는 주님을 찬양합니다.

성경 말씀으로 우리 인생길을 환하게 밝혀 주시는
주님을 찬양합니다.
우리에게 삶의 본이 되는 성경의 인물들을 주시는
주님을 찬양합니다.
주님의 명령에 의해 세워진 교회를 인하여 주님을 찬양합니다.

우리 죄로 인해 하나님과 갈라진 틈을 이어주는 하나님의 아들,
예수 그리스도의 십자가로 인하여 주님을 찬양합니다.

하나님께서 우리의 아버지가 되어주심으로 인하여 찬양합니다.
성령님께서 우리의 상담자이며 스승이 되어 주심을
인하여 찬양합니다.
하나님의 아들, 동정녀에게 나신 분,
놀라우신 주님을 인하여 찬양합니다.

아버지 하나님과 동등하신 주님께서
우리 안에 역사하심으로 인하여
우리 안에 있는 이기심을 싸워 이기게 하시며,
주님의 몸 된 교회를 사랑할 수 있도록 하시고,
방황하는 불쌍한 영혼들을 다정하고 긍휼히 여길 수 있도록
도와주심을 인하여 주님을 찬양합니다.

간구하옵기는 우리 모두를 아버지의 형상으로
새롭게 빚어주옵소서.

예수님 이름으로 기도드립니다. 아멘.

－존 워너메이커

예화

인도의 개척 선교사였던 스코트 목사님이 복음이 전파되지 않은 미개척 선교지를 향하여 선교여행을 가고 있었습니다. 그런데 기독교에 적의를 품은 한 무리의 사람들에게 붙잡히게 되었습니다. 그들은 긴 창으로 스코트 목사님을 위협했습니다. 죽음이 임박한 그 순간에 그는 하나님의 약속 위에 굳게 서서 늘 가지고 다니던 바이올린을 켜면서 원주민들의 언어로 찬송을 하기 시작했습니다.

"주 예수 이름 높이어 다 찬양하여라. 그 앞에 무릎 꿇고서 면류관 드리세. 금 면류관을 드려서 만유의 주 찬양……"

스코트 목사님은 잠시 후면 다가 올 죽음을 기다리며 눈을 감고 찬양을 계속했습니다. 그러나 3절이 다 끝나도록 아무 일도 일어나지 않았습니다. 눈을 떠보니 그를 겨누고 있던 사람들의 손에서 창이 떨어져 있었으며, 눈에는 눈물이 가득 고여 있었습니다. 사람들은 찬양을 받으실 그 높으신 이름이 누구인지 말해 달라고 했습니다.

그리하여 그는 그들과 함께 집으로 가서 여러 해 동안 그들 가운데서 거하며 수 많은 사람들을 그리스도께로 인도했습니다. 이것은 성령의 역사가 있었기에 가능한 것입니다.

✤ 성령의 감동이 만든 승리

🌷 생각

우리가 예수님을 믿게 되면 바로 성령의 인 치심이 이루어집니다. 그래서 에베소서 1장 13절에 "또한 믿어 약속의 성령으로 인 치심을 받았으니"라고 했는데 이것은 믿으면 바로 이 인 치심이 있게 된다는 뜻입니다.

성령의 인 치심이란 쉽게 말하면 도장을 찍는다는 뜻입니다. 우리가 집이나 땅을 사고 팔 때, 혹은 중요한 서류에 도장을 찍거나 사인하는 것과 같습니다. 도장을 찍는 것은 계약이 이루어져 주인이 바뀌고 소유권이 이전된다는 뜻입니다. 그리고 도장 찍힘을 받는 것은 그 주인에게서 보호를 받는다는 뜻입니다.

따라서 믿고 성령의 인 치심을 받는 것은 하나님의 소유물이 되어 그의 보호를 받는다는 말입니다. 그러므로 성령의 인 치심은 우리가 구원을 받았다는 보증수표요 확신의 증거입니다.

그런데 성령의 인 치심을 받게 되면 먼저 성령께서 우리 안에 내주하게 되고 우리는 그의 성전이 됩니다. 요한복음에 "내 안에 거하라 나도 너희 안에 거하리라"(요 15:4)고 한 약속이 이루어지는 것입니다.

성도간에는 성숙의 차이도 있고, 헌신의 차이도 있고, 성령의 은사도 각각 다르지만 인 치심은 같으며 이때부터 성령의 열매가 맺히는 것입니다. 성령의 열매는 성령의 인 치심과 내주하심에서 시작됩니다. 갈라디아서 5장 22~23절의 말씀처럼 사랑과 희락과

화평과 오래 참음과 자비와 양선과 충성과 온유와 절제의 열매가
맺히는 것입니다.

> 사람들은 우리의 호소를 일축하고 우리의 복음을 거절하고,
> 우리의 주장을 반대하고,
> 우리의 성도들을 경멸할 수 있을지 모르지만,
> 우리의 기도에 대해서는 꼼짝 못한다
> -스드로우 박스터

1. 당신은 성령으로 세례를 받았나요?
2. 마음속에 성령님을 주인으로 모시고 사나요?
3. 성령님은 지정의를 가지신 인격적인 분입니다. 환영하고 인정하십시오.

성령으로 세례를 주시고 인을 쳐 주시는 주님을 찬양합니다. 날마다 성령님과
동행하며 주시는 힘으로 살게 하시고 성령님과 친밀한 교제가 있게 하소서.

**오직 성령이 너희에게 임하시면 너희가 권능을 받고
예루살렘과 온 유대와 사마리아와 땅끝까지 이르러
내 증인이 되리라 하시니라** *행 1:8

제27일 거룩한 능력을 구하는 기도

**당신의 거룩한 능력으로
그분이 내 안에서 생각하고 행하도록 하소서.**

오, 주 하나님 하늘의 아버지여!
참으로 저는 목회의 직분에 합당하지 못합니다.
당신의 영광을 알리고 당신의 백성들을 섬기고
양육하는 데 저는 부족합니다.

그러나 당신께서 이 백성들에게 가르침과 훈련이 필요하여
저를 목사와 교사로 지명하셨으니
내 도움이시여, 당신의 천사들로 나를 돕게 하소서.

만약 내 자신의 영광이나 사람의 칭찬을 위해서가 아닌
당신의 영광을 위해 나를 통해 무엇을 이루시기를 기뻐하시면
당신의 은혜와 자비로 당신의 말씀을 바로 이해하게 하시고
그것을 성실히 행할 수 있게 하시옵소서.
오! 주 예수 그리스도, 살아 계신 하나님의 아들이시여!
우리 영혼의 목자요 감독이시여!

당신의 성령을 보내사 나와 함께 일하게 하소서.

당신의 기쁘신 뜻을 위해서
당신의 거룩한 능력으로
참으로 그분이 내 안에서 생각하고 행하도록 하소서.
우리를 구원하신 예수 그리스도의 이름으로 기도드립니다. 아멘.
―마르틴 루터

예화

한 유명한 목사가 영국을 여행하던 중 감리교 창시자인 요한 웨슬리의 고택과 집무실을 둘러보게 되었습니다. 평소에 기도하던 기도실로 들어간 그는 마룻바닥에 쥐구멍 같은 구멍이 두 개 나 있는 것을 발견하고 그 곳 안내자에게 물었습니다.

"저것은 무슨 구멍입니까?"

"목사님 생각에는 무슨 구멍 같으세요?"

"글쎄요, 모르겠는데요. 혹시 쥐구멍이 아닌가요? 맞습니까?"

"천만에요. 저것은 웨슬리 목사님의 기도의 흔적입니다."

얼마나 기도를 열심히 했던지 웨슬리가 무릎을 꿇고 기도한 그 마룻바닥에는 쥐구멍 같은 무릎 자국이 구멍처럼 뚫려 있었던 것입니다.

요한 웨슬리는 새벽 4시에 두 시간씩 기도하고 수요일과 금요일에는 규칙적으로 금식 기도를 했습니다. 그를 지켜본 사람들은 이렇게 말했습니다.

"그는 다른 모든 사람보다 기도를 중요시했습니다. 그리고 그가 모든 빛을 띤 청명한 얼굴로 기도실에서 나오는 것을 종종 보았습니다."

✚**구멍 난 마룻바닥**

🌷 생 각

'거룩하다'는 말에는 '따로 놓다, 구별되다, 분리되다'라는 뜻이 있습니다. 그런데 '거룩하다'의 의미는 단순히 도덕적인 것만은 아닙니다. 하나님은 그의 자녀 된 우리에게 구별되고 분리 된 삶을 요구하십니다. 다시 말하면 세상의 믿음 없는 사람들과는 좀 다르게 살라고 하십니다.

거룩은 하나님을 향해 한마음을 갖는 것입니다. 하나님은 두 마음을 품는 것을 싫어하십니다. 한마음이란 하나님을 전적으로 신뢰하는 마음이기 때문입니다. 의심하고 염려할 때 우리 마음이 나누입니다. 마음이 나누이면 하나님의 뜻을 성취할 수 없습니다. 하나님은 믿는 자 속에서 역사하시고, 거룩은 바로 전심으로 하나님을 신뢰하는 삶 속에서 이룩되기 때문입니다.

내 비결은 간단하다. 기도하는 것이다.

―마더 테레사

묵상

1. 당신은 하나님을 향한 한마음으로 살고 있나요?
2. 세상과 구별되는 거룩한 능력을 어떻게 구해야 할까요?
3. 기도는 거룩한 마음을 만드는 힘입니다. 기도하십시오.

기도

하나님의 뜻을 성취하기 위해서 거룩한 능력이 필요합니다. 주님을 신뢰하오니 저를 거룩한 땅에 위에 세워주시고 한마음으로 주 품에 나아갈 수 있도록 도와주옵소서.

**오직 너희를 부르신 거룩한 자처럼
너희도 모든 행실에 거룩한 자가 되라** *벧전 1:15

제28일 회개를 구하는 기도

저의 모든 잘못을 회개하고
주님의 은총을 받을 수 있게 하옵소서.

우리의 생사 화복을 주관하시며,
나의 생명을 지금까지 보존하여 주시고,
당신의 자비로써 이 죄악된 인간을 그대로 버려두시지 않으시는
주님, 나를 긍휼히 여겨 주시옵소서.

주님께서 저에게 맡겨 주신 사명이 있사오나
너무도 이를 무시하고 자행자지하였사오며
당신의 귀한 뜻을 이루기보다도
제 소욕을 위하여 귀중한 세월을
헛되이 보냈사옴을 용서하여 주시옵소서.

오 하나님,
저로 하여금 모든 날이 주님의 은사로 주신 것이오매
이 날들을 주님의 뜻에 따라서 보내야 되겠다는 것을
깨닫게 하여 주시옵소서.

그리하여 저의 모든 잘못을 회개하고
주님의 은총을 받을 수 있게 하옵시고
저에게 맡겨 주신 모든 날을 주님의 뜻을 충성스럽게
성취하는 데 쓸 수 있게 하여 주옵소서.
예수 그리스도의 이름으로 비옵나이다. 아멘.

―사무엘 존슨

🌷 예 화

1904년 영국 웨일스에 한 젊은 광부가 있었습니다. 머리카락은 탄진으로 범벅이 되어 있었고 손톱에는 새까맣게 때가 끼어 있었습니다. 휴식시간에 다른 광부들은 담배를 피우며 잡담을 나누었으나 청년은 조용히 앉아서 책을 읽었습니다. 청년의 꿈은 영국을 도덕적 타락으로부터 구해내는 것이었습니다.

젊은 광부는 한 목사를 찾아가 자신이 강연을 하게 해달라고 간청했습니다.

"자네 같은 탄광노동자의 강연에 과연 누가 귀를 기울이겠는가. 단지 30분만 강단을 빌려주겠네."

청년은 강단 위에 올랐습니다. 목사를 포함한 17명은 그의 강의를 듣고 통회의 눈물을 흘렸습니다.

그후 5개월 만에 웨일스 시민 10만 명이 회개했고, 2년 만에 2백만 명의 영국인이 회개운동에 참여했습니다. 정치인, 경제인,

학생, 법조인, 주부, 교사 등 모든 계층의 사람들이 통렬한 회개운동을 펼쳤습니다. 재판관들은 법정에서 재판을 중단하고 피고를 위해 기도했습니다.

이 청년의 이름은 이반 로버츠입니다. 한 사람의 '창조적인 선각자'가 영국을 타락의 늪으로부터 구출해냈던 것입니다.

1646년 프랑스의 한 의사가 얼음판에 넘어져 골절상을 입은 환자에게 왕진을 갔다가 환자의 아들에게 성경을 건네주었습니다. 그 아들은 23세의 패기에 찬 청년으로 19세 때 이미 계산기를 발명한 과학자요 수학자인 천재였습니다.

이 오만한 천재는 성경을 받은 것을 계기로 변화되었고 후에 그 어떤 과학이나 수학의 업적보다 위대한 업적을 인류에게 남겼습니다. 그가 바로 하나님의 진리와 사랑을 사유한 책 팡세를 쓴 파스칼입니다. 파스칼은 39세를 일기로 세상을 떠날 때 말했습니다.

"주여, 나를 긍휼히 여기소서"　　　　　　　　　✝ **회개의 열매**

🌱 생 각

하나님은 완전한 사람을 찾지 않습니다. 도리어 자기의 부족함과 잘못을 시인하고 고치고 회개하려는 사람을 찾습니다. 우리는 우리의 부족함을 알아야 합니다. 지난날의 잘못들을 함께 인정하고 함께 고쳐나가야 합니다.

용서받은 죄를 다시 기억나게 하는 것은 사단입니다. 하나님은 한번 용서하신 죄는 다시 기억지 아니하십니다. 동이 서에서 먼 것같이 멀리 옮기시고, 깊은 바다 속으로 던져 버리고 다시 떠오르지 못하게 만들어 주시는 것입니다.

기도는 영혼의 피이다.
-조지 허비트

묵상

1. 당신은 하나님 앞에 진심으로 지은 죄를 쏟아놓은 적이 있나요?
2. 하나님이 의인이 아니라 죄인을 찾는다는 것을 기억하나요?
3. 참된 회개는 돌이키는 것입니다. 지금 돌아설 부분에서 유턴하십시오.

기도

주님 지금 이 시간 마음을 열어 나의 허물을 드러냅니다. 주님을 기쁘시게 못하는 부분에서 돌이키게 하시고 저를 기쁨의 도구로 삼아주소서.

악인은 그 길을 불의한 자는 그 생각을 버리고 여호와께로 돌아오라 그리하면 그가 긍휼히 여기시리라
우리 하나님께로 나아오라 그가 널리 용서하시리라 *사 55:7

제29일 영혼 구원을 구하는 기도

**영혼을 구하기 위한
사랑의 불길이 치솟게 하소서!**

　오 하나님,
　나의 가슴이
　십자가의 사랑으로
　훨훨 타오르게 해주소서!

　영혼을 구하기 위한
　사랑의 불길이 치솟게 하소서!

　그 불길이 이웃의 가슴마다
　전달되게 하소서!
　　　　　　　　-조지 뮬러

예 화

　미국의 유명한 성직자인 브룩스는 중병에 걸렸을 때 친구들의 방문을 허락하지 않았습니다. 그런데 변호사인 친구 로버트 잉거

솔의 방문만큼은 허락하였습니다. 잉거솔이 물었습니다.

"다른 사람들은 다 거절하면서 나만 특별히 문병을 허락하는 이유가 무엇인가?"

그러자 브룩스가 진지하게 말했습니다.

"내가 죽더라도 다른 친구들은 천국에서 다시 만날 수 있는 기회가 있다네. 그러나 영원한 세계를 믿지 않는 자네는 지금이 아니면 영원히 만날 수 없기 때문이야!"

그 날 잉거솔은 충격을 받고 그리스도를 영접했습니다. 브룩스는 친구인 잉거솔을 진심으로 사랑했기 때문에 그런 마음을 가졌던 것입니다.

독일에서 활약하던 유태인 윤리학자인 마틴 니벨라라는 여성이 있었습니다. 그녀는 히틀러가 유태인들을 집단 학살하는 참극을 바라보면서 울분을 터뜨렸습니다.

"저들은 복음을 들을 가치도 없고, 구원받을 가치는 더욱 없다. 그러므로 저런 사람에게는 전도할 필요가 도무지 없다."

마틴은 증오심을 불태웠습니다. 마침내 그녀도 감옥에 갇히게 되었습니다. 그런데 감옥에서 꿈을 꾸게 되었습니다.

꿈 속에서 히틀러가 지옥행 처분을 받고 있는 광경을 보게 되었는데 하나님의 심판대 앞에서 히틀러가 큰 소리로 억울함을 호소하고 있는 것이었습니다. 자신은 진지하게 기독교 신자들로부터 전도를 받아본 적이 한 번도 없기 때문에 하나님을 믿지 않았으니 억울하다는 내용이었습니다.

꿈에서 깨어난 마틴 니뻴라는 크게 각성과 회개를 하고 평생토록 전도를 많이 했습니다. 영혼에서 들려오는 소리에 일생을 드려 반응했던 것입니다.

생각

전쟁에서 아군이 승리했을 때 승전보를 가리켜 '유앙겔로스'라고 부릅니다. B.C.450년 경, 그리스 군대는 에게 바다에서 당시 세계 최강 페르시아 군대를 맞아 치열한 해전을 벌였습니다. 처절한 전투 끝에 열세로 평가되던 그리스 군대가 승리를 거두었습니다.

전쟁결과를 초조하게 기다리고 있던 아테네 시민들에게 용감한 군인 필립피더스가 100리(마라톤에서 아테네까지 42km)를 단숨에 달려와 승전보를 전했습니다. 바로 이 승전보를 가리켜 '유앙겔로스'라고 합니다. 이것이 영어로 발전하면서 에반겔리즘(evangelism) 즉 '전도'라고 부르게 된 것입니다.

페르시아 군대를 패퇴시켰다는 기쁜 소식을 가지고 수도 아테네를 향하여 달려올 때 그 청년 군인의 가슴은 어떠했겠습니까? 전도는 바로 이런 것입니다.

사단은 연약하기 짝이 없는 성도라도
그가 기도하는 것을 보면 공포에 떤다.
- 윌리암 카우퍼

1. 당신은 믿지 않는 영혼들에 대해 사랑하는 마음이 있나요?
2. 믿는 않는 사람들을 향해 복음을 전하고 있나요?
3. 복음은 기쁜 소식입니다. 그리스도의 승리를 알리는 것입니다.

사랑이 많으신 주님! 저에게 잃어버린 영혼을 뜨겁게 사랑할 수 있는 마음을 주시고 그 뜨거운 열정을 실천에 옮기도록 역사해주소서.

내 계명은 곧 내가 너희를 사랑한 것같이 너희도 서로 사랑하라 하는 이 것이니라 *요 15:12

제30일 사명감을 구하는 기도

오늘 하루 동안 자신의 의무에 대해
강한 사명 의식을 느끼게 하소서.

오! 하나님,
나로 하여금 오늘 하루 동안 자신의 의무에 대해
강한 사명 의식을 느끼게 하심으로,
모든 일에 충성을 다하게 하시고,
내려야 할 중대한 결단을 미루지 않게 하시며,
책임을 피하지 않게 하옵소서.

나로 하여금 자신의 의무를 다함으로
자신에 대한 자긍심을 잃지 않게 하시고
남을 유익케 하는 자가 되게 하옵소서.

하나님께 나의 몸과 마음과 영혼을 바침으로
내가 하나님께서 원하시는 도구로 사용되게 하옵소서.

뿐만 아니라 모든 일에 기쁨을 주심으로,

나의 의무가 지겹고 따분한 것이 되지 않게 하시고,
따라서 내가 무엇을 하든지
마치 하나님께 하듯 하게 하옵소서.

이 모든 것을 주 예수 그리스도의 이름으로 기도합니다. 아멘.
― 윌리암 바클레이

예화

웰치(Welch)라는 포도즙은 세계적으로 유명한 포도즙입니다. 그런데 이 포도즙은 웰치라는 사람이 만들어낸 것입니다. 원래 웰치는 아프리가 선교사로 가려고 서원을 했습니다. 그런데 떠나기 전에 신체검사를 해보니 자기 부인이 아프리카 기후에 견딜 수 없는 체질이라는 것을 알게 되었습니다.

그래서 그는 실망을 하고 고향으로 돌아오면서 다시 결심하였습니다. 선교사로 가지 못한다면 돈을 벌어서 선교사의 일을 돕겠다는 결심이었습니다.

그런데 그 아버지는 치과 의사로서 부업으로 포도주를 만드는 일을 하였는데, 알코올이 전혀 없는 교회 성찬용 포도즙을 만드는 일이었습니다. 그래서 아버지로부터 그 사업을 물려받아 오직 주님만을 위하여 돈을 쓰겠다는 한 가지 목적을 가지고 열심히 일을 했습니다. 그 결과 세계적으로 유명한 웰치 포도즙을 만들었습니다.

그는 버는 돈마다 10의 5 정도를 다 선교 사업을 위하여 드렸다고 합니다. 이처럼 헌신은 삶의 현장에서 이루어져야 합니다. 바로 직장에서, 시장 바닥에서, 교단에서, 농장에서 말입니다. 우리가 울고 웃는 그곳 말입니다. 우리가 매일 가장 많은 시간과 관심을 기울이는 그곳에서 말입니다. ✚헌신과 웰치 포도즙

생각

사명 있는 삶을 산다는 것은 '깨어 있는 삶'을 산다는 것입니다. 깨어 있는 사람 즉 사명감 있는 사람은 주변에서 일어나는 일을 잘 관찰하면서 사는 사람입니다. 그런 삶을 자중자애(自重自愛)의 삶이라고 합니다.

깨어 있는 삶과 반대되는 삶은 잠을 자면서 사는 것입니다. 무의식적으로, 생각 없이 사는 것입니다. 사명감으로 살려면 '생각 없는 삶'을 중단시켜야 합니다.

아브라함 링컨은 미합중국의 분열을 막는 것이었고, 프랭클린 D. 루스벨트는 대공황에 종지부를 찍겠다는 사명을 가지고 있었습니다. 또 넬슨 만델라는 인종차별을 종식시키는 것을, 테레사 수녀는 굶주리고 가난한 사람들에게 자비와 연민을 베푸는 것을, 잔 다르크는 조국 프랑스를 구하는 것을 사명으로 가졌습니다.

그리고 모세는 이스라엘 백성을 출애굽 시키는 사명을 지녔으

며 느헤미야는 예루살렘 성벽의 건축자로, 세례 요한은 새 시대를 여는 나팔수로, 사도 바울은 세계 선교의 지평을 여는 일이 사명이었습니다.

당신의 사명은 무엇입니까?

> 무릎을 꿇은 그리스도인은
> 발돋움을 한 천문학자보다 더 멀리 본다.
> -토플레디

묵상

1. 당신에게는 누군가를 돌아볼 수 있는 마음의 여유가 있습니까?
2. 이웃에게 신앙과 사역의 모델이 되기 위해 어떤 삶을 살고 있습니까?
3. 사명감 있는 삶은 목숨을 건 헌신이며 타협 없는 결단입니다.

기도

하나님의 소명을 생명보다 소중히 여겨 환난중에도 부르심을 따라 순종하게 하소서. 삶의 모든 영역에서 그리스도의 본을 보이는 제자가 되게 하소서.

나의 달려갈 길과 주 예수께 받은 사명
곧 하나님의 은혜의 복음 증거하는 일을 마치려 함에는
나의 생명을 조금도 귀한 것으로 여기지 아니하노라 *행 20:24

4부 삶 가꾸기

오늘 하루 내 곁에 있는 모든 이들과
따스한 대화와 온기로 살게 하옵소서

제31일 경건을 구하는 기도

**물 없는 사막처럼 되지 않게 하기 위하여
주의 위로를 우리에게서 거두어 가지 마옵소서**

오 우리 하나님, 우리 주여!
주님은 우리의 전부이며 또한 모든 선이옵니다.
주님께 기도드리는 우리는
도대체 누구오니이까?

당신의 종 중에서도
가장 비천한 자이오며 천하기가 벌레와 같으며
스스로 생각하고 표현하기보다
더 비천하고 값없는 존재이옵니다.

그러하옵고 주님!
우리는 아무것도 아니오며
아무것도 갖지 못했으며
또 아무것도 할 수 없는 자이옵니다.

주님 ! 주님만이 선하시고 또 의롭고 거룩하시옵니다.

주님만이 모든 일 하실 수 있는 분이시며
모든 만물을 채우시고
악한 자에게는 공허함을 주시지만
모든 것 베푸시는 분이십니다.

오 주님 ! 주의 자비를 생각하셔서
주님의 은총으로 우리를 채우소서.
주님이 원하시는 일은
어느 하나라도 가치 없는 것 없사옵니다.

주의 자비와 은총으로
우리를 강하게 하시지 않사오며
어찌 이 슬픔 많은 세상을
괴로움을 참고 견딜 수 있사오리까 ?

주여 ! 주님 우리에게서 돌이키지 마소서.
주님 우리에게 오심을 지체치 마옵고
물없는 사막처럼 되지 않게 하기 위하여
주의 위로를 우리에게서 거두어 가지 마옵소서.

오 주님! 주님 뜻대로만 행하옵고
주의 면전에서 보람 있게 또 겸손하게 살도록 하옵소서.

주님이 우리의 지혜되시며
주님이 참으로 우리를 알아주시며
이 세상이 만들어지기 전
우리의 형체를 이루기 전부터
이미 우리를 아셨기 때문이옵니다.

십자가 위에서 구속하신
예수 그리스도 이름으로 빌며. 아멘.

-토마스 아 켐피스

예화

초기 한국교회의 역사 속에 헤론이라는 의사가 있었습니다. 헤론은 테네시 의과대학이 생긴 이래로 가장 우수한 성적을 올린 수재로 그 대학의 교수회가 수련을 마친 후 교수로 남아달라는 요청을 했지만 이를 거절하고 한국의 선교사로 헌신했습니다.

그는 한국의 선교사로 처음 임명을 받은 사람이었습니다. 언더우드보다 두 달 늦은 1885년 6월에 내한하여 알렌의 제중원에서 일을 시작했습니다. 알렌이 선교사직을 물러난 후에 그는 제중원

원장으로 일하면서 밤낮 없이 헌신했습니다.

한국에 온 지 5년 뒤인 1890년 여름에 각종 전염병이 창궐하여 수많은 사람들이 생명을 잃고 있을 때, 다른 선교사들은 남한산성의 휴양지에서 쉬고 있었습니다.

그러나 헤론은 폭염 속에서도 서울까지의 먼 거리를 드나들면서 환자들을 치료해주는 일을 게을리 하지 않았습니다.

그런데 더위와 과로에 지친 헤론은 결국 자신도 이질에 걸려 3주간을 앓다가 7월 16일 눈을 감았습니다. 그는 이역만리 낯선 땅에 젊은 아내와 두 딸을 남겨놓고 순직함으로써 그의 짧은 생은 한국 땅에 경건한 피를 남기게 되었습니다.

그의 시신은 서울 한강변 양화진에 최초로 묻혀 자신의 생을 밑거름으로 성장하는 한국교회의 모습을 지켜보고 있습니다.

✤ 거룩한 충격

🌷 생 각

북유럽에 사는 흰 담비는 털이 아름답기로 유명합니다. 흰 담비는 본능적으로 자신의 털을 더럽히지 않으려는 강한 의지를 갖고 있습니다.

사냥꾼들은 흰 담비의 이러한 속성을 이용해 흰 담비를 잡습니다. 흰 담비가 사는 굴 입구에 숯검정을 칠해 놓고 숲속에서 놀고 있는 흰 담비를 굴 속으로 모는 것입니다. 그러면 굴 입구에 다다른 흰 담비는 자신의 흰털을 더럽히기보다는 죽음을 택한다고 합니다.

'경건'이란 '하나님의 임재 앞에서의 올바른 자세와 행동'이라고 해석할 수 있습니다. 그래서 영어로 경건을 'godly'라고 한 것입니다. 다시 말하면 하나님의 임재를 생각하면서 생각하고 말하고 행동하는 것이 경건한 생활인 것입니다.

우리가 거룩한 영성을 추구하는 이유는 영향력 때문입니다. 예수님의 영향력은 시대를 초월하고, 장소를 초월하고, 인종을 초월했습니다. 그것은 예수님의 영향력 근본은 거룩에 있기 때문입니다.

젊은 나이에 하나님의 부르심을 받은 로버트 머레이 멕체인이 강단에 올라섰을 때, 말 한마디 내뱉지 않았음에도 불구하고 사람들은 조용히 울기 시작했습니다.

그 영향력은 그의 거룩한 삶에서 나온 것입니다. 그와 함께 밤을 보낸 한 사역자는 멕체인에게 깊은 감명을 받고 "아! 저 분은 내가 지금까지 본 사람 중에서 예수님을 가장 많이 닮은 분이다"라고 말했습니다.

멕체인의 전기를 쓴 스튜워트는 "멕체인은 지성소 안에 들어가 수 시간을 기쁨의 찬양과 경배를 드리고 갈보리의 사랑으로 목욕한 다음 집집을 방문하며, 그리스도의 살아 있는 향기를 풍기기 위해 하나님의 존전에서 나온다. 그가 거리를 걸을 때 사람들은 그의 얼굴에서 예수님을 보고 놀랐다"고 기록했습니다.

어려운 환경에서 기도하고 싶은 마음마저 없다면
우리는 짐승만도 못한 사람들이 아닐 수 없다.

-칼빈

묵상

1. 당신은 경건한 삶을 추구하고 있나요?
2. 당신은 경건한 삶을 살기 위해 무엇을 해야 한다고 생각하나요?
3. 경건은 그리스도 안에서 사는 것이며, 예수님을 닮으려는 소원입니다.

기도

거룩하신 주님! 내가 날마다 예수 그리스도의 눈동자를 닮게 하시고 신앙의 목표가 거룩이 되게 하시며 삶의 모든 영역에서 경건한 삶을 살게 하소서.

육체의 연습은 약간의 유익이 있으나
경건은 범사에 유익하니 금생과 내생에 약속이 있느니라 *딤전 4:8

제32일 헌신을 구하는 기도

**당신의 감미로운 향내로써
나를 당신께 이끄소서.**

나의 하나님, 저는 제 자신을 당신께 드리기 원합니다.
당신을 위하여 탄식하는
나의 연약한 의지를 강하게 하소서.

나의 팔을 당신께 펴나이다.
당신께 나 자신을 드릴 힘이 없다면,
당신의 감미로운 향내로써 나를 당신께 이끄소서.
당신의 사랑의 끈으로 나를 매사 당신께로 이끄소서.

나는 나 자신과 나의 걱정에
얼마나 단단히 얽매여 있는 자입니까?
오! 하나님의 아들의 참된 자유여!
그 자유가 있는 곳을 발견한 자,
그리하여 그 자유가 없는 곳에서는
그것을 찾지 않는 자는 복된 자입니다.

모든 일에 하나님을 의지하고
하나님 이외에는 아무도 의지하지 않는 자는
천 배나 더 복된 자입니다.

오, 내 사랑이여! 당신이 당신 자신을 내게 주셨습니다.
나는 나의 마음을 당신께 드리기를 주저하지 않습니다.
당신이 당신 자신으로 나를 먹이실 것입니다.
오직 당신만이 나로 하여금
당신을 사랑하도록 만드실 수 있습니다.

당신은 매를 가지고 치시는 분이 아니십니다.
당신은 저의 약점을 감싸주시는 분이십니다.
당신의 궁휼이 극복할 수 없는 끝없는 비참이란 있을 수 없습니다.

오, 하나님! 저는 당신 앞에 설 자격이 없는 자입니다.
그러나 저는 당신의 은총의 기적이 될 수는 있습니다.
하나님은 나에게 부족한 모든 것을 주십니다.
그리고 내 안에 당신의 은사를 존귀하게
높이지 않는 것은 아무 것도 없습니다.

-프랑소아 페넬롱

예화

조지 포먼이 45세의 나이로 세계 챔피언십을 획득한 일은 역사적인 일입니다. 포먼이 늦은 나이에 다시 권투를 시작해야만 했던 이유가 있습니다.

포먼은 청년 시절, 대단히 난폭하고 성미가 고약한 사람이었습니다. 그런데 예수 그리스도께서 그의 인생에 들어오셔서 그를 새 사람으로 만들어 주셨습니다. 그 후 포먼은 건방지고 못된 사람에서 예수 그리스도의 종으로 변화되었습니다.

포먼은 복음전도자로 십여 년간을 수고했습니다. 특히 텍사스주의 휴스턴 거리에 있는 사람들을 위해서 열심히 헌신했습니다. 그는 자기의 돈으로 교회 건물을 지었고 거리에서 마약과 범죄로 떠도는 청소년들을 복음으로 선도하고자 청소년 회관을 지었습니다.

이런 일을 시작한 포먼에게는 더 나은 복음 사업을 추진하기 위하여 재정적 지원이 더 필요했습니다. 그래서 포먼은 자기에게 있는 실력과 기술을 다시 사용하여 권투를 다시 시작했던 것입니다.

포먼은 말했습니다.

"진정한 승리는 예수님께서 자기를 위해서 이루어 주신 거룩한 일입니다."

포먼의 열네 살 된 딸 나탈리는 종종 이렇게 말했습니다.

"우리 아빠의 삶에서 가장 중요한 일은 하나님께 감사를 드리고

찬양을 하는 일이에요."   ✚ **예수님의 챔피언**

🌱 생 각

하나님은 분명한 목적을 가지고 우리를 창조하셨습니다. 목적과 사명이 분명한 사람은 헌신합니다. 헌신 없이는 큰 사명을 이룰 수 없습니다. 헨리 빌레이는 이렇게 말했습니다. "하나님은 자신에게 전적으로 헌신한 사람과 함께, 그 사람을 위하여, 그 사람을 통하여 역사하신다." 드와이트 무디는 이 말을 듣고 주님 앞에 엎드렸습니다.

하나님은 인생의 최고가 무엇인지를 아십니다. 나를 창조하신 그분은 나보다 나를 더 잘 아십니다. 그리고 하나님은 가장 좋은 것이 무엇인지 아십니다. 우리가 하나님께 헌신하면 하나님은 우리에게 가장 좋은 것을 주십니다.

헌신은 효과적인 삶의 비결입니다. 효과적으로 인생을 살려면 초점이 맞아야 합니다. 자신의 삶에서 무엇이 중요한지 깨닫고, 무엇을 할 것인지 아는 사람이 헌신합니다. 헌신 없이는 초점을 맞출 수 없습니다. 우리가 헌신하면 우리가 영화롭게 될 뿐 아니라 하나님도 영광을 받으십니다.

정신을 집중할 수 있을 때에만 기도하라.
-탈무드

묵상

1. 당신은 하나님 앞에 헌신한 사람입니까?
2. 헌신을 통해 무엇을 이루려고 하나요?
3. 헌신은 승리하는 삶의 비결입니다. 헌신은 삶의 초점입니다.

기도

주님! 일생을 주 앞에 내려놓고 헌신하고자 합니다. 생각과 말 믿음과 꿈을 드리오니 다스려주시고 하나님을 위해 살게 하소서.

주의 권능의 날에 주의 백성이 거룩한 옷을 입고 즐거이 헌신하니
새벽 이슬 같은 주의 청년들이 주께 나오는도다 * 시 110:3

제33일 하나님의 뜻을 구하는 기도

**주님의 뜻이 오면 어떻게 해야
이를 확실히 성취할까를 가르쳐 주시옵소서.**

오 나의 하나님,
세상의 모든 지혜와 이성보다도
주님께서 나의 곁에 서 계셔 주시옵소서.

오 주여, 나의 소원을 들어 주시옵소서.
오직 주님의 지혜와 뜻으로만
내게 맡겨 주신 책임을 이루게 하여 주옵소서.

나의 지혜나 뜻으로 하지 않게 하옵시고
주님의 뜻으로만 이루어지게 하옵소서.

나 자신의 지혜와 뜻으로는 나를 대적하는
세상의 큰 세력을 감당할 수 없사옵나이다.

나 자신의 뜻대로 한다면 편안을 원하여

모든 시끄러운 일에서 벗어나려고 할 것입니다.
그러나 주님의 지혜와 뜻은 의롭고 영원하옵니다.

오 참으로 영원하신 하나님, 나와 함께 하여 주시옵소서.
나는 어느 사람도 믿을 수 없고 믿을 만한 것이 못 됩니다.

오 하나님, 나의 소원을 안들어 주십니까?
주님이 돌아가셨습니까?
아니올시다. 주님은 절대로 돌아가실 수 없습니다.
주님은 오직 숨어 계실 따름입니다.

주님, 나를 과연 이 일을 할 일꾼으로 택하셨습니까?
이것이 주님의 뜻이 오면
어떻게 해야 이를 확실히 성취할까를 가르쳐 주시옵소서.

나의 일생에 있어서 나의 능력으로는
이러한 큰 세력에 대항하여 책임을 지고
일해 본 기억이 없습니다.

오 하나님, 나의 편이 되어 주시옵소서.
예수 그리스도의 이름으로 인하여

나의 편이 되어 주시옵소서.
그는 성령의 능력으로 말미암아
나의 방패가 되시고 피난처가 되시며
나의 견고한 요새가 되시겠나이다.

하나님, 나를 도와주시옵소서.
예수의 이름으로 비옵나이다. 아멘.

-마르틴 루터

예화

고아의 아버지 조지는 30세에 고아원을 시작했습니다. 그가 어느 날 기도하며 시편 말씀을 읽을 때 하나님의 뜻이 알려졌습니다. 하나님은 고아의 아버지시며 과부의 변호사라는 이 말씀에 빛이 비쳤습니다. 수많은 고아들이 런던 길거리에서 방황하는 것을 보고 그는 가슴아파했지만 이 말씀을 몰랐기 때문에 하나님의 뜻을 알지 못했습니다.

그런데 성경 안에서 발견한 '하나님이 고아의 아버지' 라는 것을 읽자마자 "자식을 먹이지 않는 아버지가 어디 있느냐." "하나님은 고아들을 먹이신다."라고 스스로 자문했습니다. 그래서 그는 고아원 총무가 되기로 결심을 하고 하나님의 뜻을 따라 일평생을 엎드려 기도만 했습니다. 30세에 고아원을 시작한 후 93세에 세상을 떠나기까지 63년간 오직 하나님을 의지하여 고아원을 운영했습니다.

생전에 기도응답으로 받은 금액만 무려 150만 파운드(400억원)로, 한번도 사람들 앞에 손을 내밀지 않고 오직 엎드려 기도만 하여 받은 액수입니다. 그는 하나님의 뜻을 알고 믿음으로 3천여 명의 고아를 먹이고 입히고 교육시켰습니다.

그런데 중요한 것은 조지 뮬러는 기도하기 전에 반드시 말씀을 통해 하나님의 뜻을 찾았다는 것입니다. 하나님께 드릴 기도의 내용이 성경의 어디에 약속되어 있는지를 꼭 찾아 확인한 후에 기도했습니다.

어떤 때는 기도를 하기 전에 며칠 동안 성경을 찾을 때도 있었습니다. 며칠 동안 성경을 읽으면서 자신이 기도하는 이 제목이 하나님 말씀에 약속되어 있는지 반드시 확인 후 기도했습니다. 그 결과 일생 동안 5만 번의 응답을 받을 수 있었던 것입니다.

✤ **성경 안에서 찾은 하나님의 뜻**

생 각

하나님의 뜻은 앞날의 선택에 대한 것이 아니라 지금 이 순간에 대한 것입니다. 그것은 새로 찾아내야 하는 것이 아니라 우리가 이미 알고 있는 것과 관계가 있습니다. 성경은 "하나님의 나라와 의를 먼저 구하라"고 하셨습니다.

결국 하나님의 뜻이란 한 가지 분명한 명령으로 이루어집니다.

그것은 바로 하나님을 우리 삶의 절대적 중심에 모셔야 한다는 명령입니다. 그렇게 할 때 우리는 참된 자유를 발견하게 됩니다. 그리고 그것은 순종을 통해 얻은 자유입니다. 그것이 우리 모두를 위한 하나님의 뜻입니다.

> 우리의 기도는 지칠 줄 모르는 힘과
> 거부될 수 없는 인내와
> 꺾여지지 않는 용기로 강하게 구해야 한다.
> -이 엠 바운즈

묵상

1. 당신은 삶의 모든 영역에서 하나님의 뜻을 찾고 있나요?
2. 당신은 하나님의 나라와 의를 먼저 구하고 있나요?
3. 하나님의 뜻은 앞날의 선택이 아니라 지금 이 순간에 대한 것입니다.

기도

날마다 하나님의 뜻을 알게 하시고, 하나님 중심으로 생각하고 말하고 행동하게 하시고 순종하는 법을 배우게 하소서.

그러므로 너희는 이렇게 기도하라
하늘에 계신 우리 아버지여 이름이 거룩히 여김을 받으시오며 나라이 임하옵시며 뜻이 하늘에서 이룬 것같이 땅에서도 이루어지이다 *마 6:9-10

제34일 바른 혀를 구하는 기도

**저의 비판이 친절하고
너그럽고 건설적인 말이 되게 하소서.**

오 주님, 제 혀에 재갈을 먹이소서.
독기 어린 비판과 잔인한 판단을 하려 할 때
갈고리 같은 말로 다른 사람에게 상처주고
그것을 보고 통쾌해하는 못된 심성으로부터
저를 지키소서.

불친절한 말로부터 그리고
불친절한 침묵으로부터 저를 지키소서.
판단하는 일을 자제하게 하소서.

저의 비판이 친절하고 너그럽고 건설적인 말이 되게 하소서.
부드러운 내면을 허락하시어
다른 사람과도 평화로이 지내며
말할 때나 행동할 때나 부드럽게 하소서.

제 안에 따뜻한 자비의 마음을 주시어

약함을 이길 수 있는 주님의 힘을

분쟁을 극복할 수 있는 주님의 평화를

슬픔을 이길 수 있는 주님의 기쁨을

증오를 물리칠 수 있는 주님의 사랑을

그리고 약함을 치유할 수 있는 주님의 관심을

다른 사람들에게 보여줄 수 있게 하소서.

-피터 마샬

예화

시골의 작은 성당에서 한 아이가 주일 미사를 돕고 있었습니다. 그러다 잠시 한눈을 파는 순간 제단의 포도주를 바닥에 쏟고 말았습니다. 화가 난 신부는 소년의 뺨을 때리면서 소리치며 말했습니다.

"다시는 이곳에 오지 말아라!"

또 다른 성당에서 한 아이가 주일 미사 중 비슷한 실수를 저질렀습니다. 그러나 그곳의 신부는 그 아이를 사랑스러운 눈빛으로 바라보면서 말했습니다.

"너는 후에 훌륭한 신부가 될 거야."

세월이 흘러 성당에서 쫓겨난 티토라는 아이는 공산주의 국가인 유고슬라비아의 대통령이 되어 강력한 전제정치를 실행했습니다. 그러나 칭찬을 받은 다른 아이는 유명한 대주교 홀톤 쉰이 되었습니다. 무심코 내 뱉은 한마디의 말이 한 사람의 인생을 바꿀 수도 있습니다.

🌱 생 각

말 한마디는 그 영향력이 매우 큽니다. 부주의한 말 한마디가 싸움의 불씨가 되고 잔인한 말 한마디가 삶을 파괴합니다. 쓰디쓴 말 한마디가 증오의 씨를 뿌리고 무례한 말 한마디가 사랑의 불을 끕니다.

그러나 은혜로운 말 한마디는 길을 평탄케 하고 즐거운 말 한마디가 하루를 빛나게 합니다. 또한 때에 맞는 말 한마디가 긴장을 풀어주고 사랑의 말 한마디가 축복을 줍니다. 우리가 아무렇지도 않게 내뱉는 말이 운명이 될 수 있습니다.

자신 스스로에게 "나는 재수가 없어", "나는 뭘 해도 안 돼"라고 말한다면 말처럼 그렇게 될 것입니다. 그러나 "나는 반드시 잘 될 거야" "나는 성공할 수 있어"라고 하면 또 말처럼 그렇게 될 것입니다.

말의 힘은 큽니다. 긍정적인 말을 하면 긍정적이고 좋은 결과가 오지만 부정적인 말을 하면 반대의 결과가 나옵니다. 그래서 항상 희망과 꿈을 이룰 수 있는 말을 해야 합니다.

자신과 타인에게 사랑과 긍정과 꿈을 줄 수 있는 희망의 말을 하십시오. 사람을 살리고 세워주는 말을 하십시오. 그러면 그대로 이루어질 가능성이 높습니다.

기도하지 않고 성공했다면 성공한 그것 때문에 망한다.
스펄전

묵상

1. 당신은 혀를 다스리는 사람인가요?
2. 당신은 말을 거칠게 하나요, 부드럽게 하나요?
3. 말은 생명력이며 창조력을 갖습니다. 축복의 말, 살리는 말을 하십시오.

기도

주님! 인생을 흔들어 놓고 인생의 배 항로를 결정하는 혀를 다스려 주옵소서. 거친 말을 거두고 축복의 말, 살리는 말, 긍정적인 말을 하게 하소서.

내가 너희에게 이르노니 사람이 무슨 무익한 말을 하든지 심판날에 이에 대하여 심문을 받으리니 *마 12: 36

제35일 인도를 구하는 기도

**당신의 찬란한 빛으로
저의 지성의 어둠을 밝히소서**

형언할 수 없는 창조주 하나님
당신께서는 넘치는 지혜로
천사의 세 품을 만드셨고
하늘의 놀라운 질서를 마련하셨으며
우주 만물을 가지런히 품위대로 배치하셨나이다.

당신께서는 빛과 지혜의 원천이시고
모든 것의 시작이라 불리십니다.
당신의 찬란한 빛으로
저의 지성의 어둠을 밝히시어
타고난 죄와 무지의 두 암흑을 몰아내 주소서.

당신께서는
어린이들의 입에서도 찬양을 자아내시니
제 혀가 당신의 지혜를 말하고

제 입술이 당신 축복의 은총을 쏟아내게 하소서.

이해의 명석함을
보유할 수 있는 역량을
배움의 방법과 수월함을
해석에서는 정확함을
말을 할 때는 충만한 은총을 주소서.

당신 영의 감도로 시작하게 하시고
도중에 저의 발걸음을 인도하시며
마칠 때 완성하게 하소서.

이 모든 것을 주님이시고 사람이시며
영원히 살아계시고 다스리시는
성자 우리 주 예수 그리스도를
통하여 비나이다. 아멘.

-토마스 아퀴나스

예 화

킴 윅스라는 한국인 맹인 처녀가 있습니다. 그녀는 빌리 그래함 전도대의 일행이 되어 찬양하고 간증하는 사역을 담당합니다. 킴은 하나님의 인도에 대해 이렇게 말했습니다.

"사람들이 앞을 보지 못하는 나를 인도할 때 '바로 앞에 장애물이 있습니다'라고 말하지 '저 200m 앞에 무엇이 있습니다'라고 말하지 않습니다. '바로 앞에 물이 있으니 한 걸음 옆으로 떼십시오' '조금 앞에 계단이 있으니 발을 조금 높이 올리십시오'라고 합니다. 그렇게 한 걸음 한 걸음 떼어 놓을 자리를 알려주면 나는 그 말을 믿고 한 걸음 한 걸음 인도함을 받아 목표했던 지점까지 가게 됩니다. 하나님께서 나의 삶을 인도하신 것도 그런 방법이었습니다. 시각 장애자가 되었을 때 어떻게 살 것인지 암담했지만 하나님께서 다음 발 한 걸음을 떼어놓을 자리를 일러 주셨습니다. 그렇게 인도함을 받아 보니까 내 삶 전부가 하나님의 인도 가운데 있게 되고, 하나님이 의도하시는 그 목표 지점으로 나의 생이 달려가게 되었습니다." ✚ **한 걸음씩 인도하시는 하나님**

🌷 생 각

우리는 살아가면서 때로는 앞의 일이나, 하나님의 뜻을 미리 알았으면 하는 때가 있습니다. 그러나 하나님께서는 한걸음씩 인도하시지 브리핑을 하시지 않으십니다. 시편 기자는 "주의 말씀은 내 발에 등이요 내 길에 빛이니라"라고 말씀하셨습니다. 밤중에 등불을 들고 어두침침한 산길을 걸어보면 바로 앞만 보입니다. 너무나 칠흑 같이 어두워 등불로는 단지 한 발, 한 발, 발의 움직임

외에는 아무것도 볼 수 없게 됩니다. 하나님의 이끄심은 바로 그렇게 등불을 들고 산길을 걷는 것과 같습니다. 한 번에 한 걸음씩만을 보며 앞으로 나가게 하십니다.

하나님은 우리가 하루하루 매시간 아니 매초마다 하나님을 의지하고 작은 한 걸음으로 최선을 다해서 뛰기를 원하십니다. 하나님이 우리의 앞길을 인도하실 때 자동차의 헤드라이트처럼 몇 미터 앞의 길을 보면 좋겠지만 하나님의 인도는 그렇지 않습니다. 매 순간마다 주님만을 의지하게 한 걸음씩만 인도하십니다.

> 그리스도인으로서 우리에게
> 기도하는 생활만큼 진리를 가르쳐 주는 것은 없다.
> - 마틴 로이드 존스

묵상

1. 당신은 하나님의 인도를 구하고 있나요?
2. 당신은 인생의 어두운 터널 속에서도 그분의 인도를 의지하나요?
3. 미래를 알기보다 매순간 하나님의 뜻을 찾고 순종하는 것이 좋습니다.

기도

빛으로 인도하시는 주님! 매순간마다 주님을 의지하게 하시고 음성에 귀를 기울이며 말씀 속에서 주님의 뜻을 찾게 하소서.

너는 범사에 그를 인정하라 그리하면 네 길을 지도하시리라 *잠 3:6

제36일 행복한 삶을 구하는 기도

오늘 하루 내 곁에 있는 모든 이들과
따스한 대화와 온기로 살게 하옵소서

    살아가면서
    내게 주어진 여건 속에서
    작은 것에 감사하며
    불평하지 않는 삶을 살게 하옵소서.

    아침에 일어나
    눈부신 햇살에게 문안드리며
    오늘 하루 내 곁에 있는 모든 이들과
    따스한 대화와 온기로 살게 하옵소서.

    아침마다 내 안에 생겨나는
    높은 마음 낮추이고
    저문 해 서산에 넘실거리면
    입술엔 사랑을 담고
    가슴엔 희열을 내뿜으며

우리의 삶이 공동체라는 것을
인식하게 하옵소서.

무엇보다도
내가 할 일이 무엇인지 잘 기억하여
교만하지 않고 모든 사람에게
편안한 사람으로 기억되게 하옵소서.

그냥 세월의 흐름속에 나를 묻는 것이 아니라
하루하루 창조의 삶을 살아가게 하옵소서.

지금 이 시점에서 바라보는 태양이
이토록 아름답다는 생각을 영원히 간직하게 하소서.

-슈피겔

예화

탈무드에 개에 관한 우화가 있습니다. 한 랍비의 집에 개가 있었는데 그 개는 자기 꼬리에 행복이 있다는 사실을 알고 자기 꼬리를 잡으려고 열심히 노력했습니다. 그러나 꼬리를 잡으려고 하면 할수록 제자리에서 빙빙 돌 뿐이었습니다.

드디어 그 개는 지쳐서 쓰러졌습니다. 그러자 그 모습을 바라보고 있던 한 늙은 개가 다음과 같이 말했습니다.

"나도 한때는 자네처럼 그랬지만 결국 실패하고 한 가지 사실만 깨달았다네. 꼬리를 잡으려고 열심히 돌면 어지러울 뿐이지만 한 가지 목표를 향해 달리면 그 꼬리가 나를 따라왔네."

9세기에 세계를 지배했던 사라센 제국의 압둘 라만 3세는 당시 세계에서 가장 큰 왕국을 49년 간 통치했습니다. 그 기간 동안 그의 수입은 3억 달러에 달했고, 세계 최강의 군대를 가지고 있었습니다. 압둘 라만 3세는 3,321명의 아름다운 왕후들을 거느렸고, 616명이나 되는 자녀들을 두었습니다. 그러나 그가 숨을 거두면서 마지막으로 남긴 말은 많은 생각을 하게 합니다.

"오랜 세월 동안의 영예로운 통치에도 불구하고 내가 진정으로 행복을 누린 날은 단 14일뿐이었다."

생 각

행복은 열심히 달리고, 목표에 집중하고 탐구해서 얻는 것이 아닙니다. 그렇게 얻는 행복도 어느 정도 유지되지만 온전한 것은 아닙니다. 행복은 마음을 다스릴 때 찾아오는 가치입니다.

행복지상주의자들은 행복을 잡으려고 안간힘을 씁니다. 그러나 잡힐 것 같으면서도 잡히지 않는 것이 행복입니다. 온전한 행복, 진실한 행복은 예수 그리스도 안에만 있습니다. 그리스도를 푯대와 목표로 삼고 그를 따라 사는 인생만이 행복발전소를 만듭니다.

지금보다 더 가질 수 있으면 행복할 것이라는 생각은 유혹입니다. 세상을 다 가진다 해도 반드시 행복한 것은 아닙니다. 어떤 사람은 외적으로 볼 때 도저히 행복할 것 같지 않은데 행복의 비명을 지르는 사람이 있는가 하면, 어떤 사람은 완벽한 조건을 갖추고서도 불행의 눈물을 흘리며 사는 사람이 있습니다. 단칸 월세방에서도 행복할 수 있고 아방궁 같은 집에서도 불행할 수 있는 것은 삶의 태도와 마음에 달려 있습니다.

기도는 마음을 크게 만들어 하나님의 은사를 담을 수 있게 한다.
- 마더 테레사

묵상

1. 당신은 행복합니까?
2. 행복의 조건을 어디서 찾고 있나요?
3. 행복은 만들어지는 것이지만 조건이 아니라 마음의 선택에 달려 있습니다.

기도

존귀하신 주님! 하루하루 따스한 온기로 살게 하시고 마음 깊은 곳에 아름다움과 기쁨과 소망으로 살게 하시며 이웃을 섬기며 행복을 담고 살게 하소서.

내가 주를 기뻐하고 즐거워하며
지극히 높으신 주의 이름을 찬송하리니 *시 9:2

제37일 보호를 구하는 기도

나는 그때까지
내가 날 수 있다는 사실을 몰랐습니다.

절벽 가까이로
나를 부르셔서 다가갔습니다.

절벽 끝에 더 가까이
오라고 하셔서 더 다가갔습니다.

그랬더니 절벽에
겨우 발을 붙이고 서 있는
나를 절벽 아래로
밀어 버리시는 것이었습니다.

물론 나는
그 절벽 아래로 떨어졌습니다.

그런데 나는 그때까지

내가 날 수 있다는 사실을 몰랐습니다.

― 로버트 슐러

예화

마르틴 루터의 친구 존 브렌츠는 용감한 종교개혁자들 중에 한 사람이었습니다. 그는 종교개혁에 반대하여 수많은 성직자들을 죽이고자 했던 스페인 왕 찰스 5세의 미움을 받게 되어 체포당했습니다.

어느 날, 스페인의 기병들이 그를 체포하기 위하여 오고 있다는 소식을 듣자 그는 하나님께 기도하기 시작했습니다. 그 때 구원의 음성이 들려왔습니다.

"존! 빨리 빵 한 조각을 갖고 아랫마을로 내려가거라. 거기서 문이 열려진 집을 발견하면, 그 집 지붕 밑으로 숨어라."

그래서 존은 지시한 대로 마을로 내려가 문이 열려진 집을 발견하고 그 집 다락에 몸을 숨겼습니다. 이후 수색이 계속되는 동안 존은 그 다락방에서 약 14년간 숨어 지냈습니다. 사실 존에게 빵 한 조각은 결코 14년간의 양식이 될 수는 없었습니다. 그러나 존은 그 곳에서 그토록 오랜 세월을 지낼 수 있었습니다.

그것은 존 브렌츠가 다락에 숨어 지내는 동안 날마다 암탉이 한 마리씩 다락방에 올라왔기 때문입니다. 그 닭은 올라와서 아무런 소리도 내지 않으면서 달걀을 하나씩 낳았습니다. 이 일은 14년간

한 번도 그치지 않고 계속 되었고, 그는 이 달걀을 먹고 살 수 있었습니다.

그런데 14년이 지난 어느 날부터는 닭이 올라오지 않았습니다. 기이하게 여긴 그는 바깥 동정에 귀를 기울이다가 자신이 비로소 자유를 찾게 되었다는 것을 알게 되었습니다.

존이 14년 동안 생명을 유지할 수 있었던 것은 14년간 한 번도 그치지 않고 말없이 알을 낳아 주었던 암탉 때문이었습니다. 그것은 하나님의 보호하심 속에서 이루어진 섭리요 축복이었습니다.

✚**14년간의 양식, 빵 한 조각**

🌷**생 각**

하나님의 보호를 받는다는 것은 나를 향한 하나님의 목적이 이루어지기까지 하나님의 선하심이 변치 않는다는 뜻입니다. 하나님의 보호하심 때문에 우리 인생의 궁극적 목적은 성취되고, 영혼은 소망의 항구에 닿기까지 보전되는 것입니다.

우리는 당장은 쓰리고 아파 보이는 일도 실은 보호와 축복이나 다른 이의 구원을 위해 하나님이 허락하신 일이라는 것을 기억해야 합니다. 하나님의 날개 아래 은밀한 처소가 있으며 그곳에 자유와 공급과 보호가 있기 때문입니다. 우리를 향한 하나님의 사랑은 순수하고 완전하며 영원하다는 사실을 절대 잊지 말아야 합니다.

하나님의 자녀는 기도로 모든 것을 정복할 수 있다.
사탄이 교인들에게서 이 무기를 빼앗거나
그것의 사용을 제지하려고 최선을 다하는 것은 이상한 일이 아니다.
-앤드류 머레이

묵상

1. 당신은 하나님의 보호하심을 구하고 있나요?

2. 하나님의 구원을 현실화하기 위해 실천해야 할 것들은 무엇인가요?

3. 하나님의 보호는 구체적이고 실제적이며 현실적입니다.

기도

삶의 어려운 고비 속에서도 하나님이 세우신 영원한 약속을 붙들게 하시며

모든 구원과 소원을 이루시는 하나님의 놀라운 은혜를 경험케 하소서.

군대가 나를 대적하여 진칠찌라도 내 마음이 두렵지 아니하며

전쟁이 일어나 나를 치려할찌라도 내가 오히려 안연하리로다 *시 27:3

제38일 좋은 친구를 구하는 기도

**오늘 하루 동안 내가 만난
모든 친구들에게 대해 당신께 감사드립니다.**

아버지 하나님!
이 세상에서 우정처럼 고귀하고
사랑처럼 우리의 삶을 풍성하게 하는 것이 없음을 아나이다.

오늘 하루 동안
내가 만난 모든 친구들에게 대해 당신께 감사드립니다.
함께 여행하고 함께 다니며 함께 일하고
함께 대화를 나누며, 함께 식사를 한
모든 사람들에 대해 당신께 감사를 드립니다.

음악 감상이나 연극 또는 영화 관람을 함께 한 사람들
그리고 운동 경기를 구경했거나 또는 그것을 함께 즐긴
모든 사람들에 대해 당신께 감사드립니다.

나와 단순한 친구 이상의 가까운 관계를 맺고 있는 자들과

내가 사랑하는 자들과 나를 사랑하는 자들
그리고 내게 필요한 것들을 공급하며
나의 마음에 용기를 주는 자들과
사랑으로 내게 매일 관심을 보여주는 사람들에 대해
당신께 감사드립니다.

나로 하여금 친구들에게는 항상 충성되게 하시고
나를 사랑하는 자들에게는 진실하게 하옵소서.
주 예수 그리스도의 이름으로 기도드립니다. 아멘.

― 윌리암 바클레이

예 화

베토벤은 가정부를 수십 차례나 바꿀 정도로 까다로운 성격이었습니다. 그럼에도 불구하고 그를 돕는 친구들이 많았습니다. 그 중에서도 멜첼 메트로놈이라는 친구가 있었습니다.

메트로놈은 귀가 잘 들리지 않는 베토벤을 위해 직접 보청기를 만들어 선물해 주었습니다. 뿐만 아니라, 베토벤의 작곡을 돕기 위해 박자 측정기를 개발하였습니다. 그리고 베토벤은 이 기계의 최초 사용자가 되었습니다.

오늘날 많은 사람들이 사용하는 메트로놈은 바로 이 친구의 이름을 따서 만든 것입니다. 그들의 우정만큼이나 그들의 이름도 사람들의 마음에 오래 기억되고 있습니다. 진정한 친구는 이해타산이 아니라 마음으로 반응하는 관계입니다.

✦ 아낌없이 주는 친구

🌷생 각

참된 친구는 좋은 환경이나 성격으로 결정되는 것이 아니라 늘 아낌없이 베풀 줄 아는 마음에서 시작됩니다. 좋은 친구는 늘 좋은 해답을 주지 않아도 좋습니다. 지식과 지혜가 넘치지 않아도 좋습니다. 언제 보아도 편안하고, 아무리 오래 같이 있어도 지루하지 않고, 함께 있는 것만으로도 힘이 되는 사람이 정말로 좋은 친구입니다.

좋은 친구는 경쟁자가 아닙니다. 함께 길을 가는 동반자요, 격려자입니다. 좋은 친구는 쉽게 얻어지지 않습니다. 성실, 애정, 일관성, 지속성, 그리고 믿음이 필요합니다. 꿈을 이뤄가는 길에 동반자가 되어주는 친구, 그런 친구가 가장 좋은 친구입니다. 좋은 친구 중 으뜸은 역시 예수 그리스도이십니다. 예수 그리스도는 우리를 위해 목숨을 내놓은 친구이기 때문입니다.

> 내 기도가 틀림없이 실현될 것이라는
> 굳은 믿음으로 기도할 때에야
> 긍정적 결과를 기대할 수 있다.
> ㅡ나폴레온 힐

묵상

1. 당신은 삶을 진지하게 나눌 친구가 있습니까?
2. 당신은 아낌없이 나눌 좋은 친구가 있습니까?
3. 좋은 친구는 함께 길을 가는 동반자요, 격려자입니다.

기도

마음을 나누고 베풀며, 격려하고 격려 받는 친구를 주신 것에 감사를 드립니다. 그리고 무엇보다도 예수 그리스도께서 저의 친구가 되어주셔서 마음을 나누게 하소서.

친구는 사랑이 끊이지 아니하느니라 *잠 17:17

제39일 기도하는 삶을 구하는 기도

나로 기도하게 하시며
오직 주님만 생각하게 하소서

오 하나님, 이른 아침 주님께 부르짖사오니
나로 기도하게 하시며
오직 주님만 생각하게 하소서.
저의 힘만으로 그렇게 할 수 없사옵니다.

내 안에 어둠 있으나
주님 함께 계시면 빛이 있으며
저는 홀로 있으나
주님께서는 저를 홀로 버려두지 않으시며
제 마음 연약하나
주님 함께 계시면 도움이 있고
제게는 쉼이 없으나
주님 함께 계시면 평안 있사오며
제 안에 고통 있으나
주님 함께 계시면 인내할 수 있고

저는 주님의 길 알 수 없으나
주님께서는 저의 길 아시오니
저를 살리시어 자유하게 하소서.

저로 지금 살아 있게 하셔서
주님과 제 앞에서 대답하게 하소서.
주여, 오늘 어떤 일 몰아쳐 와도
주님 이름 찬양 받기를 원하나이다.

－디이트리히 본회퍼

예화

어느 날 세 사람이 '가장 좋은 기도 자세가 어떤 것일까?'라는 주제를 놓고 토론을 벌였습니다. 첫 번째 사람은 양손을 모아 위로 높이 치켜드는 것이 중요하다고 주장했습니다. 두 번째 사람은 바닥에 엎드려 기도하는 것이 제일 좋은 기도 자세라고 말했습니다. 세 번째 사람은 일어서는 것이 무릎을 꿇는 자세보다 낫다고 했습니다.

그러자 옆에서 작업을 하며 그들의 얘기를 듣고 있던 전화수리공이 더 이상 참지 못하고 불쑥 끼어들었습니다. 그리고는 심각한 표정으로 이렇게 말했습니다.

"제가 겪어본 바로는 12m 높이의 전봇대에서 거꾸로 대롱대롱

매달린 채 드렸던 기도가 가장 강력했습니다."

중요한 것은 어떤 자세로 기도하느냐가 아니라 기도한다는 사실 그 자체가 더 중요합니다. 어떤 자세로든 하나님과 대화할 수 있습니다. 기도의 자세는 외형에 있는 것이 아니라 내면에 있습니다. 마음으로 무릎을 꿇고 간절하게 하는 기도를 가장 높은 자리에 있는 기도입니다. ♧가장 높은 기도

🌷 생 각

하나님과 인격적인 관계없이 우리가 무엇을 받아내는 쪽만 강조한다면 기도를 상거래로 오해하기 쉽습니다. 응답하시는 하나님은 보다 중요한 것을 원하십니다. 그것은 신뢰와 지속성입니다. 주님께서는 우리에게 계속적인 주의를 요구하십니다. 때론 문제의 파도와 폭풍우 속에서 비로소 하나님을 찾게 됩니다.

전능하신 하나님께서는 단 한번의 기도에 즉시 응답하실 수 있지만 그런 방법으로 우리를 다루시지 않습니다. 지속적으로 주 앞에 엎드리게 하시고 더 많은 교제의 시간을 원하십니다. 이유는 기도 응답의 목적보다 우리 자체를 원하시기 때문입니다.

바울과 실라가 빌립보 감옥에 갇혔을 때 기도를 했습니다. 감정이나 이성은 기도하지 말라고 했을 것입니다. 더더욱 찬양할 환경이 아니었습니다. 이런 상황일수록 기분에 좌우되지 않고 믿음으로 기도하고 찬양해야 합니다.

쉬지 않고 기도할 때 우리의 영혼은 아름다워집니다. 기도로써 하나님 앞에 아름답게 살아가는 것이 우리의 목적이어야 합니다.

> 하나님은 육체적 수고보다는
> 기도와 영적교제에 더 큰 가치를 둔다
> -A.W.로프

묵상

1. 당신은 삶 속에서 쉬지 않는 기도를 하고 있나요?
2. 당신은 기도응답의 조건보다 하나님 자체와의 만남을 좋아하나요?
3. 기도는 영혼의 호흡입니다. 그래서 쉬지 않는 기도가 중요합니다.

기도

존귀하신 주님! 매일매일 순간순간이 하나님을 만나는 현장이 되게 하소서. 생활 속에 모든 영역에서 하나님을 고백하고 그분을 인식하며 살게 하소서.

주 앞에서 낮추라 그리하면 주께서 너희를 높이시리라 *약 4:10

제40일 아름다운 인생을 구하는 기도

**내 인생이
한 편의 아름다운 노래가 되게 하소서.**

사랑하는 사람들의 마음과
그들이 갖고 있는 간절한 소원과
짐을 알 수 있게 하시고
내 용기가 그들에게 전달되게 하소서.

고독한 사람들의 고통을 덜어줄 수 있는
사람이 되게 해주시고
행복한 사람들은
나로 인해 더 행복하게 하소서.

오늘 또 내일
만나는 모든 사람에게
기쁨과 희망을 주는 존재가 되게 하시며
내 인생이 한 편의 아름다운 노래가 되게 하소서.

―메리 캐럴린 데이비스

🌸 예화

 미국의 역대 퍼스트 레이디 중에서 가장 '호감가는 여성'으로 손꼽히는 사람이 엘리너 루스벨트입니다. 엘리너의 얼굴 표정은 항상 '매우 밝음'이었습니다. 그녀는 밝은 표정으로 주위 사람들을 즐겁게 해주었습니다.

 그러나 엘리너가 열 살 때 고아가 됐다는 것을 아는 사람은 거의 없습니다. 그녀는 한 끼 식사를 위해 혹독한 노동을 해야 했습니다. 심지어 돈을 '땀과 눈물의 종잇조각'이라고 부를 정도였습니다.

 이 소녀에게는 남들이 갖지 못한 자산이 하나 있었습니다. 그것은 긍정적이고 낙관적인 인생관이었습니다. 엘리너는 어떤 절망적 상황에서도 절망 속에 빠지지 않았고, 비관적인 언어를 사용하지 않았습니다. 그녀의 여섯 자녀 중 한 아이가 사망했을 때도 "아직 내가 사랑할 수 있는 아이가 다섯이나 있는걸"이라고 말했을 정도입니다.

 인생의 말년에 남편 루스벨트는 관절염으로 휠체어에 몸을 맡겨야 했습니다. 휠체어에 앉아 있던 루스벨트가 엘리너에게 농담을 던졌습니다.

 "불구인 나를 아직도 사랑하오?"

 "내가 언제 당신의 다리만 사랑했나요?"

 밝은 성격과 낙관적 인생관은 사람의 운명을 바꾸어 놓습니다.

✤ 낙관적 인생관

🌷 생각

인간은 우연히 지구에 던져진 외로운 존재가 아닙니다. 분명한 목적과 설계를 가지고 하나님께서 만드셨습니다. 오장육부와 마음과 생각까지 옷감을 짜듯 만드셨습니다. 사랑의 기술로 날실과 씨실을 재료로 하여 짜셨습니다. 어떤 물건이든 만든 사람이 어떤 목적을 가지고 만듭니다. 사람도 마찬가지입니다.

따라서 우리가 삶의 목적을 발견하기 위해서는 하나님의 창조 목적을 알아야 합니다. 창조 목적과 존재 목적은 같아야 합니다.

만인의 연인이요 세계 남성의 우상처럼 군림했던 미국의 여배우 마릴린 먼로가 이런 말을 했습니다.

"나는 한 여성이 가질 수 있는 모든 것을 가졌습니다. 나는 젊고 아름답습니다. 나는 돈도 많고 사랑에 굶주리지도 않았습니다. 수백 통의 팬레터도 매일 받습니다. 누구보다도 건강하고 부족한 것이 없습니다. 미래에도 그렇게 살 수 있을 것이라고 확신합니다. 그런데 웬일일까요? 나는 너무나도 공허하고 불행합니다. 뚜렷한 이유를 찾을 수는 없지만 나는 불행하다고 느끼고 있습니다."

결국 마릴린 먼로는 1962년 어느 날 밤 "나의 인생은 파장하여 문 닫는 해수욕장과 같다"는 글을 남기고 자살을 했습니다. 하나님 없는 인생은 세상의 모든 행복의 조건들을 다 가지고 있는 것 같지만 사실 그것은 신기루에 불과합니다.

악마는 우리의 수고를 비웃고, 우리의 지혜를 조소하지만
우리가 기도할 때는 떤다.

-사무엘 차드레

1. 당신은 하나님 없는 행복을 원하나요?
2. 당신은 아름다운 인생을 어디에서, 무엇에서 찾고 있나요?
3. 아름다운 인생은 하나님과 함께 만들어가는 공동작품입니다.

아름다운 인생을 만드신 하나님! 내 인생이 한편의 아름다운 노래가 되게 하시고, 걸음마다 그리스도의 향기를 맡게 하소서.

여호와께서 집을 세우지 아니하시면 세우는 자의 수고가 헛되며 * 시 127:1

내 삶을 변화시키는 「40일 기도여행」 가이드 북

마음, 행동, 습관을 바꿔 주소서!

이 세상에서 제일 빠른 것은 무엇일까요? 빛이 제일 빠릅니다. 빛은 1초에 30만km를 날아가고 지구를 일곱 바퀴 반을 돕니다. 빛의 속도는 인간이 상상할 수 없는 엄청난 빠르기를 가지고 있습니다. 그러나 우주 속에서 빛의 속도는 느림보입니다. 빛의 속도로 수십억 년을 달려야 겨우 도달할 수 있을 만큼 엄청나게 멀리 떨어진 별들도 많습니다. 우주는 거대한 공간입니다.

그런데 하나님의 보좌는 그 우주를 넘어서 셋째 하늘에 있습니다. 빛이 셋째 하늘에 도달하려면 얼마나 오랫동안 달려야 되겠습니까? 그러나 우리가 기도하는 순간에 우리의 기도는 순식간에 셋째 하늘인 하나님의 보좌에 도달하는 것입니다. 그렇다면 이 세상에 무엇이 제일 빠른 것일까요? 우리의 믿음의 기도입니다.

또한 이 세상에서 가장 큰 소리는 무엇일까요? 천둥소리, 화산 폭발소리, 원자탄 폭발소리일지도 모릅니다. 그러나 그런 소리가 아무리 커도 한 나라 밖을 넘어서지 못합니다. 그러나 우리의 기도는 아무리 작은 것이라도 하늘 보좌에까지 상달됩니다. 그렇다면 이 세상에 가장 큰 소리는 무엇일까요? 우리의 간절한 기도입니다.

그리고 이 세상에서 가장 큰 위력을 가지고 있는 것이 무엇일까요? 수소폭탄, 핵폭탄, 해일, 쓰나미 같은 것입니다. 그러나 핵폭탄과 쓰나미의 위력이 크지만 하나님의 능력과 어떻게 비교할 수가 있겠습니까? 그런데 우리의 기도는 전능하신 하나님의 마음을 움직여서 하나님의 능력을 우리의 삶 속에서 나타나게 하는 것입니다. 그렇다면 지구상에서 가장 큰 위력을 가진 것은 무엇일까요? 우리의 진실한 기도입니다.

기도는 지구상에서 가장 강력한 힘입니다. 〈내 삶을 변화키는 40일 기도여행〉은 하루하루 기도와 묵상을 하면서 지구상의 가장 위대한 능력을 체험케 하는 인생여행 안내서입니다. 더 효과적으로 기도여행을 하는 방법을 소개합니다.

〈40일 기도여행〉 실행방법

1. 기도문을 소리 내어 3번 읽는다.

- 기도의 사람들의 마음속으로 들어가게 한다.
- 기도의 사람들의 간절한 심정을 이해하게 된다.
- 기도의 사람들이 만났던 주님을 같은 심정으로 고백하게 된다.

2. 예화를 읽고 그날의 기도 주제를 연상시킨다.

- 예화 속에서 그날의 주제에 맞는 기도제목을 인식하게 된다.
- 예화 속에 자기 자신을 대입시키게 된다.
- 예화 속에서 간절한 믿음의 기도 고백을 찾게 된다.

3. 생각을 읽고 그날의 주제를 묵상한다.

- 그 날의 주제에 대해 깊은 통찰력을 가지게 된다.
- 자신의 평소 생각과 비교하고 깊은 묵상의 자리로 나아가게 한다.
- 마음을 기경하는 시간으로 만든다.

4. 묵상질문을 마음에 던져놓고 눈을 감고 자신을 돌아본다.

- 자신을 제3자의 입장에서 냉정하게 평가한다.
- 장점은 개발하고 단점은 변화의 자리에 내어 놓는다.
- 변화를 위한 결단의 시간이 되게 한다.

5. 기도를 읽고 자기만의 고백을 다시 하나님께 드린다.

- 자기 변화를 위한 진지한 기도를 드린다.
- 마음과 의지, 행동과 습관을 바꿔달라고 주님께 기도한다.
- 거듭난 삶을 살게 해달라고 간구한다.

나를 변화시키는 40일 기도여행

초판 발행 | 2007년 6월 20일

지은이 | 나관호
펴낸이 | 윤순식
기　획 | 크리스천커뮤니케이션연구소
펴낸곳 | 도서출판 청우
주문처 | 열린유통

주소 | 경기도 고양시 일산구 장항동 573-28
전화 | 031-906-0011
팩스 | 031-905-0288
등록 | 제 8-63호

ISBN 89-85580-80-9
값 8,500원

※잘못된 책은 서점에서 바꿔드립니다.